Duden

POCKET TEACHER ABI
Kunst

6., aktualisierte Auflage

Ingo Wirth (Hrsg.)
Stella Hartstack, Frank Pfeifer,
Ulrich Poessnecker, Christine Wirth,
Dr. Helge Wirth, Ingo Wirth

Dudenverlag
Berlin

Bibliografische Information der Deutschen Nationalbibliothek
Die Deutsche Nationalbibliothek verzeichnet diese Publikation in der Deutschen Nationalbibliografie; detaillierte bibliografische Daten sind im Internet über http://dnb.dnb.de abrufbar.

Bibliographisches Institut GmbH,
Mecklenburgische Straße 53, 14197 Berlin

Redaktionelle Leitung: David Harvie
Redaktion: Elke Eßmann, Michael Venhoff
Herstellung: Ditte Hoffmann
Umschlaggestaltung: 2issue, München
Layout / technische Umsetzung: LemmeDESIGN, Berlin
Sachzeichnungen: Autorinnen und Autoren
Druck und Bindung: AZ Druck und Datentechnik GmbH
Heisinger Straße 16, 87437 Kempten

Printed in Germany

ISBN 978-3-411-77121-9

Inhalt

Vorwort 6

Geschichte der Kunst im Überblick 7

1.1 Formensprache in der Tradition der bildenden Künste 7

Genres, Themen, Motive 7

Form und Komposition 8

Formensprache der Malerei 20

Formensprache der Plastik 22

Formensprache der Grafik 25

1.2 Formensprache der bildenden Kunst im Wandel der Zeiten . . . 27

Die Antike 27

Ein Neubeginn – karolingische Kunst 30

Ottonische Kunst 31

Romanik 32

Gotik 33

Renaissance 37

Barock 39

1.3 Aufbruch in die Moderne – Avantgarden, Manierismen, Vielfalt 45

Klassizismus und Aufklärung 45

Romantik 47

Historismus 48

Realismus und Impressionismus 49

Expressionismus 50

Kubismus, Suprematismus, Konstruktivismus 52

Abstraktion oder nicht-figurative Kunst? 54

Dada und Surrealismus 55

Figurativer Realismus vor dem Zweiten Weltkrieg 56

Kunst im Dienst der Propaganda 57

Kunstschaffen nach dem Zweiten Weltkrieg 58

Neorealismus und figurative Kunst nach '45 60

Neoexpressionismus 63

1.4 Nach der Utopie der Moderne 64

Der Abschied vom Tafelbild 64

Die Auflösung der Gattungskategorien 65

Kunst als Kritik am autonomen Kunstwerk 65

Der erweiterte Kunstbegriff 66

Materialität als Thema . . . 67
Idee und Verweigerung des Kunstwerks – Konzeptkunst . . . 67
Fernab vom Atelier, weit weg vom Museum – Land Art . . . 68
Spurensicherung – Erinnerung als Auseinandersetzung mit dem Erzählerischen . . . 68
Exzesse, Ekel und Trauma – Kunst als Schocktherapie . . . 69
Performative Kunst – das Kunstwerk als Handlung . . . 70
Die Gender-Debatte . . . 70
Film – Medienreflexion und die Renaissance der Erzählung . . . 71
Identität im virtuellen Zeitalter . . . 72
Postkoloniale Kunst und Transkulturalität . . . 72
Die „Zweite Moderne“ – Und wieder Malerei? . . . 73

Bildmedien als Kommunikationsmittel . . . 74
2.1 Fotografische Darstellungsformen . . . 74
Wahl des Bildausschnitts, Bildkomposition . . . 74
Kameratechnische Grundlagen . . . 76
2.2 Geschichte der Fotografie . . . 78
Vorgeschichte . . . 78
Frühe Verfahren . . . 79
Fotokünstler und Reporter . . . 81
2.3 Film und Video . . . 86
Handlung, Zeitlichkeit, Multimedialität . . . 86
Bewegung . . . 87
Einstellungen und Schnitt . . . 87
Filmproduktion . . . 88
2.4 Grafikdesign und künstlerische Grafik . . . 89
Grafikdesign – Information oder Manipulation? . . . 91
Kreativität als Motor des Grafikdesigns . . . 94
Grafikdesign als Kunst . . . 94
Druckgrafik – Plakatkunst und Werbung . . . 96
2.5 Digitale Bildmedien und Screendesign . . . 98

Gestaltung von Lebenswelten . . . 100
3.1 Idee, Funktion und Form in der Architektur . . . 100
Der Baukörper . . . 101
Der Raumkörper . . . 103
Die Wand . . . 104
Die Fenster . . . 104
Das Dach . . . 105
Die Fassade . . . 105

3.2 Konstruktion und Gestalt von Design . . . 105
Konstruktion und Gestalt von Design . . . 105
Die Gestalt und die Form . . . 106
Die Materialität . . . 106
Die Oberfläche. . . . 106
Die Farbe . . . 107
Ordnung und Komplexität . . . 107
3.3 Architekturgeschichte bis zum Beginn der Moderne . . . 108
Griechische Antike . . . 108
Römische Antike . . . 109
Karolingische Architektur . . . 111
Romanik . . . 112
Gotik . . . 115
Renaissance . . . 118
Barock und Rokoko . . . 119
3.4 Wege in die Moderne . . . 121
Klassizismus . . . 122
Historismus . . . 123
Jugendstil . . . 124
3.5 Zwischen Traditionen, Moderne und Postmoderne . . . 126
Die klassische Moderne – Der Internationale Stil . . . 126
Architektur im NS-Staat . . . 128
Perspektiven der Nachkriegsarchitektur . . . 130
3.6 Geschichte des Designs . . . 134
Historismus . . . 134
Früher Funktionalismus . . . 135
Jugendstil . . . 135
Der Deutsche Werkbund. . . . 136
Bauhaus und De Stijl . . . 137
Art déco . . . 138
Die 50er-Jahre . . . 138
Die 60er-Jahre . . . 139
Postmoderne Ideen . . . 140

Stichwortverzeichnis . . . 141

Personenverzeichnis . . . 145

Vorwort

Liebe Schülerinnen und Schüler,

Kunstunterricht kann sehr unterschiedliche Formen annehmen und sich mit sehr unterschiedlichen Themen befassen. Es gibt zwischen den Bundesländern lediglich Vereinbarungen über verbindliche Rahmenthemen und Aufgabenarten für Abiturprüfungen in Kunst. An diesen Themen orientiert sich die Gliederung dieses Buchs. Wir wissen also nicht genau, welche Kunstwerke, welche Gebäude oder Designobjekte Sie im Unterricht untersucht oder welche künstlerischen Arbeiten Sie selbst angefertigt haben. Das wird im Einzelnen nicht vorgeschrieben und von den Abiturvorschriften nicht erfasst. Dieses Buch kann Ihnen aber dabei helfen, die Inhalte, die Sie im Unterricht bearbeitet haben, einzuordnen und sich in der unübersichtlichen Vielfalt der Welt der Kunst und der Sprache der Formen zu orientieren.

Auf Abbildungen haben wir bewusst fast ganz verzichtet. Schließlich können wir nicht wissen, welche Bildbeispiele Sie im Unterricht bearbeitet haben. Besorgen Sie sich also zur Vorbereitung Ihres Abiturs bei Ihrer Lehrkraft oder bei den Mitschülerinnen und Mitschülern Abbildungen der Werke, die Sie im Unterricht bearbeitet haben. Sollten Sie bestimmte Abbildungen nicht mehr auffinden können oder zusätzliche Bilder benötigen, suchen Sie bitte mithilfe des Künstlernamens und des Titels oder der Bezeichnung des betreffenden Werks im Internet. Nutzen Sie dazu die Ihnen bekannten allgemeinen Suchmaschinen oder auch spezielle Suchseiten und Datenbanken zu den Themen Kunst, Architektur, Fotografie und Film.

Schnelle Hilfe bei eigenen Problemlösungen bietet das Register am Ende des Bandes. Dort finden sich ein Stichwortverzeichnis mit den wichtigsten Begriffen aus der bildenden Kunst, Architektur und Design sowie ein ausführliches Personenverzeichnis.

Auf Zielgeraden zum Kunst-Abitur soll Ihnen dieses Buch helfen, möglichst optimal vorbereitet und sicher in die anstehende Prüfung zu gehen.

Viel Erfolg bei den Prüfungen zum Abitur!
Ihr Dudenverlag

Geschichte der Kunst im Überblick

1

1.1 Formensprache in der Tradition der bildenden Künste

Genres, Themen, Motive

Motive sind die äußeren oder inneren Anlässe künstlerischer Aktivität, an denen sich das Bedürfnis des Künstlers oder einer Künstlergruppe, sich zu äußern oder einen Kommunikationsprozess anzustoßen, entzündet. Es kann sein, dass dies durch die Beobachtung der Natur (Menschen, Landschaft, Dinge), durch psychische Stimmungen, durch Anregung von anderen (Vorbildern, Auftraggebern, Gleichgesinnten, politischen oder religiösen Bewegungen), durch spielerische Experimentierfreude oder Sinneslust ausgelöst wird. Bei der künstlerischen Gestaltung verbinden sich dann vertraute Elemente mit originellen und spontanen Einfällen des Künstlers. Sehr häufig bedienen sich Künstler eingeführter *Genres*, die sie unterschiedlich nutzen. Beispiele für Genres in der Malerei:

- Figurendarstellungen vom ***Bildnis*** bis zum ***Gruppenbild,***
- die ***Landschaftsmalerei,*** das ***Historienbild,*** die ***Genremalerei*** (d.h. Darstellung von Alltagsszenen) und
- die ***Stilllebenmalerei.***
- In der Moderne treten dann verschiedene Spielarten der abstrakten (hier: nicht-figurativen) Malerei hinzu, von streng geometrischen, konstruktivistischen Ansätzen bis hin zu ***Actionpainting,*** dem Bemühen, die Spontaneität des künstlerischen Prozesses, Spuren des Farbauftrags wie Schmieren, Spritzen, Gießen, Wischen deutlich herauszuarbeiten.

Die Genres gliedern sich ihrerseits in Gattungen.

- Die Landschaftsmalerei gliedert sich beispielsweise in ***Ideallandschaft, Seestück, Vedute*** (Stadtlandschaft).
- Die Bildnis- und Figurenmalerei umfasst ***Bildniskopf, Bruststück, Einzel-*** und ***Gruppenbildnis.***

Innerhalb dieser Genres und Gattungen ist viel Spielraum für individuelle Themenwahl, Lösungen, Überraschungen und Neuerungen, sodass im Rahmen der jeweiligen Spielregeln der Genres ganz unterschiedliche Inhalte und Deutungen verwirklicht werden. So lassen sich Themen wie Vergänglichkeit, Idylle, Sehnsucht, Liebe, Zorn oder Hass in den verschiedenen Genres aufgreifen, und sie können sowohl als Stillleben, als Landschaftsbild, als Figurendarstellung als auch in abstrakter Form oder als Inszenierung in Erscheinung treten.

Form und Komposition

Das Vokabular der Formensprachen besteht im Wesentlichen aus Linien, Flächen, Farben, Volumina, Raum, Texturen und Relief. Die Identifizierung dieses Vokabulars verdanken wir sehr verschiedenen Forschungsdisziplinen. Zunächst den Formalanalysen der Kunstwissenschaft dann der Formenlehre des Bauhauses (ITTEN, MOHOLY-NAGY und KANDINSKY), der Wahrnehmungspsychologie, der Psychophysik und der Semiotik sowie der allgemeinen Bildwissenschaft (BOEHM, SACHS-HOMBACH).

Fläche

Flächen sind in sich einheitlich wirkende zweidimensionale Bereiche, die zum Umfeld hin durch mehr oder weniger deutliche Konturen abgegrenzt werden. Die Form ihrer Kontur, ihre Farbigkeit und ihre Textur (Oberflächenbeschaffenheit) bestimmen den Charakter, die Wirkung von Flächen.
Die ***Bildfläche*** kennzeichnet den Bereich, innerhalb dessen sich die Komposition entfaltet. Ihr Format beeinflusst die Wirkung des Bildes: Z. B. lenkt ein ***Hochformat*** den Blick eher in die Vertikale, ein ***Querformat*** eher in die Horizontale und eine runde Bildfläche, ein ***Tondo,*** zieht den Blick ins Zentrum. Die Bildfläche gibt Regeln vor, auf die sich Künstler beziehen. So macht es einen Unterschied, ob ein Bildelement in der Mitte platziert wird, ganz am Rand, eher oben oder eher unten. Je nach Platzierung wirkt es z. B. auffällig oder unauffällig, aktiv oder passiv.
Rechteckige Bildformate beziehen sich auf das Schwerkraftempfinden: Innerhalb einer rechteckigen Bildfläche wirken vertikal eingebrachte Formen aufrecht stehend, horizontal positionierte Formen erscheinen liegend und diagonale Formen erscheinen dynamisch: steigend oder fallend.

Als Elemente von Kompositionen tragen Flächen wesentlich zur Bildwirkung bei. Entscheidend ist die Umrissform, die Größe, die Lage, die Farbigkeit und die Ausrichtung der Flächen auf der Bildfläche sowie das Verhältnis von Flächen zu anderen Bildelementen.
BEISPIEL Vor eine rechteckige graue Hintergrundfläche werden drei Flächenelemente gesetzt: ein verlaufender intensiver blauer Farbfleck, ein roter Kreis und ein schmaler schwarzer Streifen. Probieren Sie's mal aus: Je nach Anordnung dieser Elemente kann die Komposition Ruhe, Unruhe, Bewegung, Dynamik, Gleichgewicht oder Ungleichgewicht ausstrahlen. Je nach Ausrichtung des verlaufenden Farbflecks wird ein anderer Bewegungsein-

druck erzeugt, je nach Lage und Ausrichtung des schwarzen Streifens Ruhe oder Dynamik, und je nach Position des roten Flecks wird z. B. das Gleichgewicht des Bildes beeinflusst.

Oft wird bei Formanalysen zunächst auf die Verteilung der Flächen in einem Bild geschaut. In der Kunstwissenschaft und Kunstpsychologie wird dann auch von der ***Massenverteilung*** gesprochen. Die Flächen lösen dabei ein Empfinden aus, als ob sie mehr oder weniger schwer lasten oder tragen würden, als ob sie miteinander in einer kraftbesetzten Wechselwirkung stünden. Dieses Empfinden eines energiegeladenen Geschehens bezeichnet man auch als ***Formspannung.***

Positiv-Negativformen

Hebt sich eine Umrissform deutlich von einer Hintergrundfläche ab, so wird dem Betrachter zunächst diese Form ins Auge springen. Bei genauerer Überlegung wird jedoch klar, dass die Fläche, welche die Umrissform umgibt, als Negativform die Bildwirkung ebenfalls wesentlich beeinflusst. Manche Künstler widmen sich den Negativformen mit besonderer Sorgfalt. Dies gilt insbesondere für flächige grafische Künste wie Holz- und Linolschnitt und Ausdrucksformen wie die des ***Expressionismus.***

Linie

Linien lassen sich nach ihrem Verlauf, ihrer Breite und ihrer Dichte unterscheiden. Sie können klar und präzise, verworren und diffus, elegant und holprig usw. erscheinen. Oft ist der Linie anzusehen, wie sie aufgemalt oder aufgezeichnet wurde, sie wird dann gleichzeitig als Spur wahrgenommen, welche die Hand des Künstlers aufgebracht hat, man sieht ihr den Grad der Erregung an, in der sie aufgebracht worden ist, merkt, ob sie zögerlich oder entschieden aufgebracht wurde – das beeinflusst die Bildwirkung entsprechend. Linien können isoliert stehen oder als Eigenschaften von Flächen oder dreidimensionalen Darstellungen erscheinen: als Konturen von Flächen oder als Raumlinien von fluchtpunkt- oder parallelperspektivischen Projektionen. Technisch exakte Linien, z. B. solche, die mit Schablonen bzw. Lineal aufgebracht werden, wirken oft steril, starr und künstlich. Linien, die „frei Hand" gezeichnet werden, vermitteln eher einen lebendigen Eindruck, laden ein, die tastende Zeichenbewegung und den Prozesscharakter künstlerischer Artikulation nachzuvollziehen.

Farbe, Farbbezeichnung, Farbsystematik

Farben haben großen Einfluss auf die Bildwirkung. Die Farbwirkung wird durch den Farbton und den Farbauftrag bestimmt. Farben treten in aller

Regel als Eigenschaft von Flächen auf. Sie können also nicht unabhängig von der Form der Fläche gesehen werden, die sie einnehmen.

BEISPIEL Ein intensives Blau als klar konturierter blauer Kreis auf einer weißen Fläche bekommt einen ganz anderen Charakter als ein gleiches Blau, das als verlaufender Klecks auf einer weißen Fläche sitzt.

Will man die Wirkung von ***Farbtönen*** beschreiben, muss man sich auf Bezeichnungen für Farben und Farbunterscheidungen einigen. In aller Regel orientiert man sich dabei an eingeführten Farbensystematiken.

Farbkreis

Ein verbreitetes Schema zur Ordnung der bunten Farben ist der Farbkreis. Er bringt ***Grundfarben*** (Primärfarben, die nicht gemischt werden können: Rot, Gelb, Blau), ***Mischfarben*** erster Ordnung (Sekundärfarben, die aus je zwei Grundfarben gemischt werden: Grün, Orange, Violett) und weitere Mischfarben in ein übersichtliches System: Zwischen den drei auf dem Kreis verteilten Grundfarben werden die jeweiligen Mischfarben erster Ordnung angeordnet. So steht also Orange zwischen Rot und Gelb, Grün zwischen Gelb und Blau und Violett zwischen Blau und Rot. Zwischen diesen werden wiederum die jeweiligen Mischfarben zweiter Ordnung eingefügt usw.

Die auf dem Farbkreis jeweils gegenüberliegenden Farben unterscheiden sich sehr eindringlich (Gelb-Violett, Rot-Grün, Blau-Orange). In diesem doppelten Sinne nennt man sie ***Komplementärfarben.***

Farbrichtung meint die Richtung, in der eine Farbe von einer anderen Farbe auf dem Farbkreis erreicht werden kann. Blaugrün etwa liegt vom Blau aus in Richtung Grün, vom Gelb aus in Richtung Blau.

Farbkugel

RUNGE entwarf 1810 ein Modell, welches die verschiedenen Nuancen von Farben auf der Oberfläche eines Globus ansiedelte. An die beiden Pole setzte er Schwarz und Weiß, sodass die Polachse alle Varianten des Grau zeigt. Rund um den Äquator verteilte er die rein bunten Farben, auf den Breitengraden dazwischen unterschiedliche Grade der Grau-Trübung und im Innern verschiedene Grade der Farbreinheit. Mit diesem System lassen sich die Unterschiede von Farben räumlich beschreiben.

Farbkontraste – Johannes Itten

Ein Farbordnungsschema, das häufig verwendet wird, ist das von ITTEN. Als Bauhauslehrer entwickelte er ein Raster zur Kennzeichnung von Möglichkeiten, Farben zu unterscheiden. In der Fachsprache werden diese Unterscheidungsarten Farbkontraste genannt:

Kontrasttyp	Beschreibung	Wirkung
Farbe-an-sich-Kontrast	Farbunterscheidung durch Buntheit	Wirkt bunt, lebendig, intensiv
Hell-Dunkel-Kontrast	Farbunterscheidung durch Helligkeitsgrad	Die Wirkung hängt von dem Ausmaß des Helligkeitsunterschiedes ab: z. B. zwischen Schwarz/Weiß und Grau/Grau
Komplementärkontrast	Unterschied von Farben, die sich auf dem Farbkreis gegenüberliegen	Sehr heftige Wirkung bis hin zum Flimmern
Mengenkontrast	Unterscheidung durch Ausdehnung von Farbflächen	Entweder bestimmt die überwiegende Farbe die Wirkung oder die kleinere Farbfläche als deutlich hervortretender Akzent. Bei gleicher Menge dominiert die intensivere Farbe.
Kalt-Warm-Kontrast	Unterscheidung nach relativer Position auf dem Farbkreis	Deutliche Unterscheidung, oft in Verbindung mit dem Eindruck unterschiedlicher Wärmeempfindung
Simultankontrast	Kombination sehr unterschiedlicher Farbflecke oder Farbflächen auf engem Raum	Flimmern, Flirren, Pulsieren: Mikrobewegungen des Auges und chemische Reaktionen im Grenzbereich benachbarter Farbzonen auf der Netzhaut verstärken die Farbwirkung.
Intensitätskontrast	Farbunterscheidung durch Trübung	Hervortreten oder Zurückdrängen; intensive Farben heben sich von trüberen ab.

Farbklang und Farbharmonie

Große Bedeutung für die Wirkung der Farbigkeit von Kunstwerken hat die Zusammenstellung verschiedener Farbtöne zu Farbklängen, Farbharmonien oder Disharmonien.

Harmonie bezeichnet dabei die Beziehung von Farben, die sich zwar deutlich unterscheiden (Helligkeit, Buntheit), die aber gleichzeitig das Empfinden einer innigen Wechselbeziehung, einer Einheit auslösen. Disharmonie verweist auf die Wirkung zweier Farben, die so abgestimmt werden, dass sie sich abzustoßen scheinen und unvereinbar wirken (die sich „beißen" oder „schrill" aussehen). Farbklänge sind Zusammenstellungen harmonischer oder disharmonischer Farbselektionen mit jeweils charakteristischem Wirkungsgehalt. Hölzel, Küppers und andere beeinflussten die Farbenlehre. Sie entwickelten Systeme zur gezielten Bestimmung und Zusammenstellung harmonischer Farbklänge durch unterschiedliche Mischverhältnisse bunter und unbunter Farbanteile.

Farbsymbolik

Neben der unmittelbaren sinnlichen Wirkung von Farben schwingt immer auch ihre symbolische Bedeutung mit. Im Wesentlichen handelt es sich dabei um vereinbarte Bedeutungen, die sich in verschiedenen Kulturen im Laufe der Zeit etabliert haben.

Dies betrifft z. B. Grün, das in der islamischen Welt besondere Bedeutung hat, Weiß, das in China als Trauerfarbe gilt, Rot, das mal für Liebe, mal für Revolution steht und dann wieder als Verkehrssignal dient. Um die symbolische Bedeutung einer Farbe in einem gegebenen Kontext (Revolutionsplakat, Heiligenbild usw.) richtig zu bestimmen, muss man also meist auf die Ikonografie zurückgreifen, die u. a. für die Bedeutung von Farben wichtige Interpretationshilfen liefert.

Farbauftrag

Der Farbauftrag hängt vom gewählten Farbmaterial (insbesondere von dessen Viskosität = Dünn- oder Dickflüssigkeit), vom Werkzeug (Pinsel, Feder, Schwamm usw.), vom Untergrund (Leinwand, Papier usw.) sowie von der Bewegung und der Intensität im Andruck des Zeichen- oder Malwerkzeugs des Malers oder Zeichners ab.

Der Farbauftrag kann verschiedene Ausdruckswerte vermitteln:

- die Spur der Mal- oder Zeichenbewegung des Künstlers
- die Schärfe oder Unschärfe der Kontur einer Form
- die Einheitlichkeit oder Differenziertheit einer Farbfläche
- die Leuchtkraft der Farbe (matt, glänzend, leuchtend usw.)
- die Schichtung von Farben (Lasuren, Übermalungen usw.)
- die Beschaffenheit einer Oberfläche (rau, glatt, körnig usw.)
- den Materialcharakter der Farbsubstanz
- plastische Qualitäten durch reliefartige, pastose Modellierung der Farbmasse

Gegenstandsfarbe – Erscheinungsfarbe

Als Gegenstandsfarbe wird die Farbe bezeichnet, die einem Körper anhaftet – das Gelb des Briefkastens, das Rot der Kirsche, das Blau der Niveadose. Erscheinungsfarbe wird die Farberscheinung genannt, welche der Betrachter unter gegebenen Lichtverhältnissen wahrnimmt. Diese wird beeinflusst durch

- die Farbe des Lichts aus einer oder mehreren Lichtquellen (gelbes Sonnenlicht, rotes Kunstlicht, bläuliches Dämmerungslicht),
- die Art des Lichteinfalls (Streu-, Schlag- und diffuses Licht),
- Schatteneffekte,
- Trübung (Dunst, Sfumato, Luftperspektive),
- Reflexe,
- die Konstitution des Betrachters (Blendeffekte, Flimmern, Nachbilder, Konturverstärkung).

Technisch exakte Farbtondefinition
Im CIE-System, 1931 durch die Commission Internationale de l'Éclairage eingerichtet, kann jede Farbe mit einer Nummer genau identifiziert werden. Das System ist allerdings wenig anschaulich und beim Einsatz in den Künsten nicht gebräuchlich.
Dem CIE-System stellt KÜPPERS ein regelmäßiges Modell des Farbraumes gegenüber, welches die Verteilung der Buntqualitäten Orange, Gelb, Grün, Cyanblau, Violett und Magenta in einer Sechseckfläche mit unbuntem Mittelpunkt zeigt. Für das Verständnis von Kunstwerken ist seine Definition der „Qualitätsmerkmale von Farbnuancen" hilfreich: So unterscheidet KÜPPERS Farben danach, ob sie bunt oder unbunt sind und differenziert sie nach ***Buntart,*** dem ***Buntgrad*** und nach ***Helligkeit.***

- Unbunt: Grautöne zwischen Weiß und Schwarz
- Buntart: Farbton, Buntton
- Buntgrad/Unbuntgrad: Sättigung, Buntheit
- Helligkeit: Helligkeitsgrad

Mit seinem System lassen sich Farbbeziehungen klarer definieren als mit den älteren Systemen, es ist allerdings noch nicht weit in den Kunstunterricht vorgedrungen. Im Zweifelsfall empfiehlt es sich, die im Unterricht eingeführten Begriffe zu verwenden, aber auf die Theorie von KÜPPERS hinzuweisen.

Volumen, Raum

Räume bieten in ihren drei Dimensionen ein Regelsystem, in welches eingebrachte Elemente wie Gegenstände, Figuren, Licht und Farbe eingebettet und dadurch gedeutet werden können (Deutungsraum): Was steht im Zentrum? Was rückt an die Peripherie? Was erscheint ganz oben, was tief unten? Was wird ganz nah präsentiert, was verschwindet in weiter Ferne?
Der Raum selbst kann näher charakterisiert werden durch Weite (Landschaft) oder Enge (Interieur), Überschaubarkeit (Leere) oder Unübersicht-

lichkeit (dicht aufgefüllte Staffage), durch Gliederung und Begrenzung (Fluchtlinien) oder durch Unbestimmtheit (Leere).

Mittel zur Verdeutlichung von Räumlichkeit
Raum wird erlebbar durch Gegenstände, Atmosphäre und sichtbare Strukturen:
Staffelung – Durch Überschneidung wird das Vor- und Hintereinander von Figuren, Objekten oder Formen festgelegt. Raum ist dann die Sphäre zwischen diesen Objekten und dem Umraum, der die Objekte einschließt.
Staffage – Durch Verteilen von Figuren, Objekten oder Formen in einem wirklichen oder imaginären Raum wird dieser ausgelotet: Indem das Auge des Betrachters die verschiedenen Objekte und Sichtgrenzen erfasst, empfindet er Distanzen, Zwischenräume und Umraum.
Verkürzung – Entfernte Dinge erscheinen kleiner. Durch Verteilung gleich geformter, aber unterschiedlich großer Figuren, Objekte oder Formen auf einer Bildfläche wird der Eindruck von räumlicher Tiefe erweckt: Je kleiner das Objekt, desto größer die Entfernung zum Betrachter.
Fluchtpunktperspektive – Durch Fluchtpunkte wird ein tiefenräumliches Raster definiert, an dem sich die Konstruktion von Fluchtlinien orientiert. Dabei unterscheidet man Zentralperspektive, mit einem zentralen Fluchtpunkt auf der Horizontlinie, Übereckperspektive mit zwei Fluchtpunkten auf der Horizontlinie und der Dreipunktperspektive mit zwei seitlichen Fluchtpunkten und einem hoch oben platzierten.
Parallelperspektive (auch Axonometrie) – Darstellung dreidimensionaler Objekte durch Verlängerung von parallelen Seitenlinien oder Kanten eines Grundrisses (Militärperspektive) oder Aufrisses (Kavaliersperspektive).

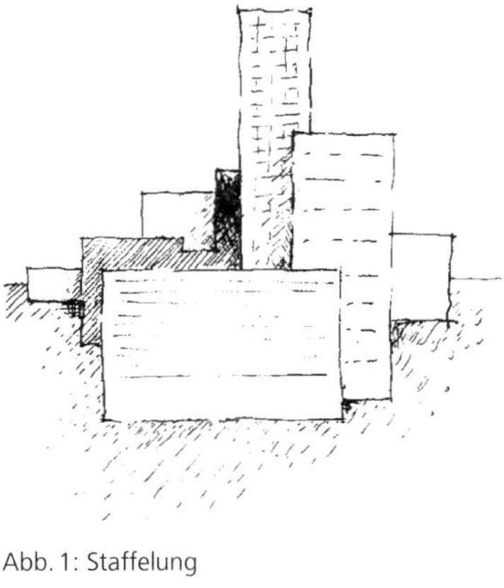

Abb. 1: Staffelung

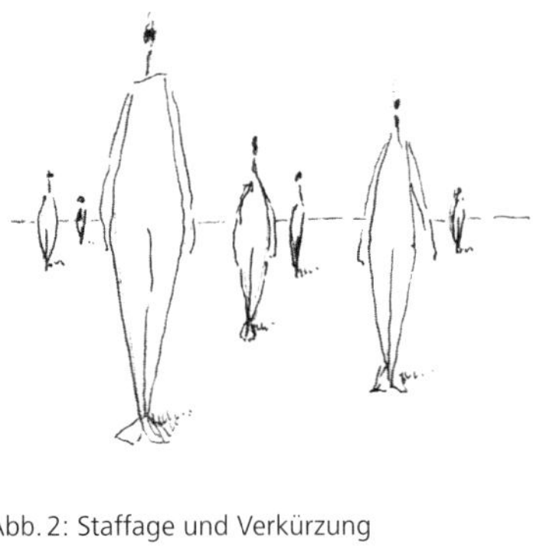

Abb. 2: Staffage und Verkürzung

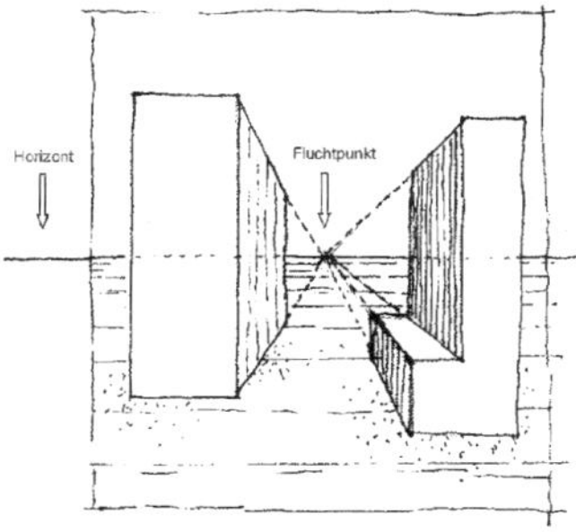

Abb. 3: Zentralperspektive

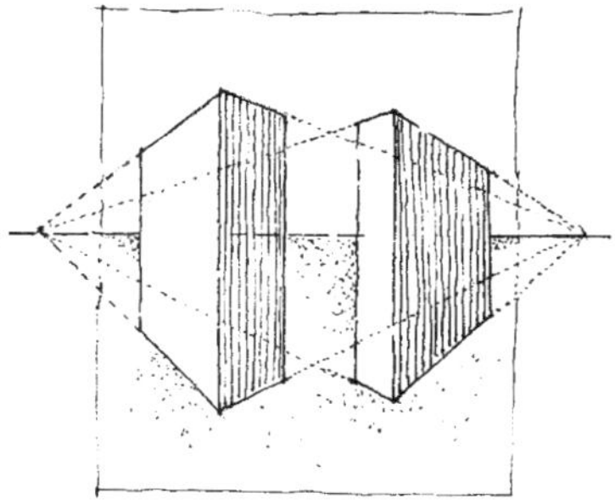
Abb. 4: Übereckperspektive

Luftperspektive – Durch atmosphärische Trübung erscheinen weit entfernte Objekte unscharf, trübe und oft auch bläulich. Wird dieser Effekt in einer Darstellung nachgebildet, entsteht der Eindruck räumlicher Tiefe.
Farbperspektive – „Warme“ Farben (auf dem Farbkreis Rot, Orange und die benachbarten Mischfarben) erscheinen näher als „kalte“ (auf dem Farbkreis Blau, Grün und die benachbarten Mischfarben).
Blickwinkel – Die *Froschperspektive* (die Sicht von unten), die durch einen niedrig liegenden Horizont gekennzeichnet ist, lässt alles im Raum groß erscheinen. Die *Vogelperspektive* (der Blick von oben), ausgedrückt durch einen hoch liegenden Horizont, lässt Gegenstände klein und unbedeutend wirken.
Falsche Perspektive – So nennt man Formen der Raumdarstellung, bei der zwar Elemente einer perspektivischen Projektion erkennbar sind, die aber nicht systematisch angewendet werden – z. B. werden verschiedene Ansichten und Aufsichten gemischt wie in der Malerei und Reliefkunst des Mittelalters.

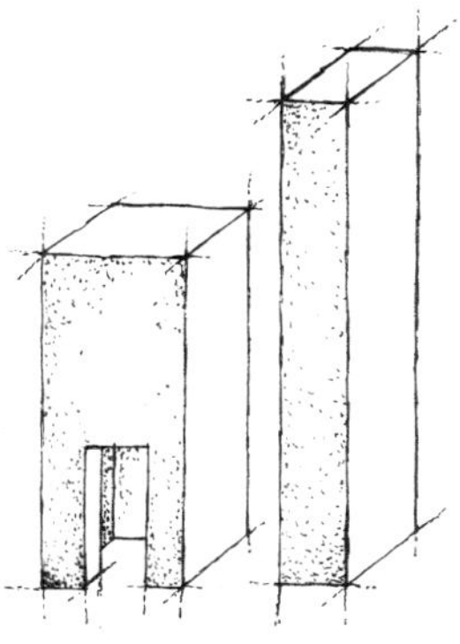
Abb. 5: Kavaliersperspektive

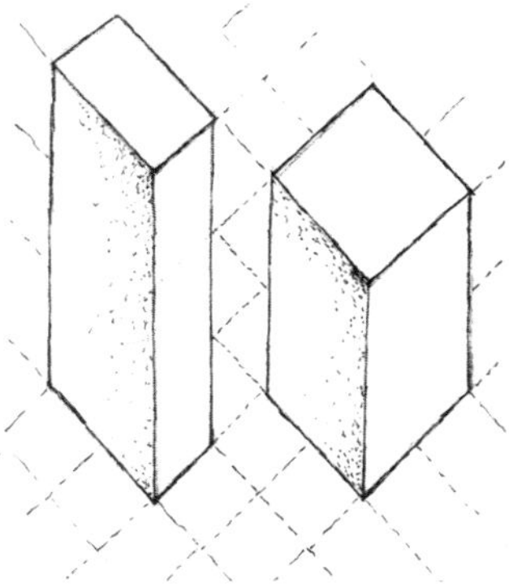
Abb. 6: Militärperspektive

Mittel zur Verdeutlichung von Volumen und Relief

Plastizität wird deutlich durch die Tastbarkeit ihrer Oberflächenschicht oder am Licht- und Schattenverlauf auf der äußeren Oberfläche dreidimensionaler Körper.

Das ***Volumen*** von Körpern ist gekennzeichnet durch deren Proportionen (Höhe, Breite, Tiefe), durch die Gestalt ihrer äußeren Hülle (konvex, konkav, glattflächig, zylindrisch oder kugelförmig gewölbt, kantig-kubisch oder formlos-amorph).
Bei transparenter Außenhaut des Körpers spielt auch das Volumeninnere mit, das dann durch seine Inhalte näher charakterisiert wird: hohl oder gefüllt, strukturiert oder ungegliedert.
Die Oberfläche von Körpern gewinnt Ausdrucksqualität durch ihr ***Relief*** (Bearbeitungsspuren, Grate, Wulste, Vorsprünge, Höhlungen, Risse, Fugen usw.) und ihre ***Textur*** (Materialbeschaffenheit oder Bearbeitungsspuren und Farbigkeit).
Plastizität wird sichtbar durch die Wahl des Blickwinkels auf das darzustellende Objekt und den Verlauf von Licht und Schatten. Deshalb hängt die Sichtbarkeit plastischer Eigenschaften vor allem auch von der Beleuchtung ab, also der realen oder erdachten Platzierung der Lichtquelle. Fotografen, Zeichner oder Maler wählen sich zunächst einen geeigneten Blickwinkel und dann eine geeignete Beleuchtung (z. B. schräg von der Seite).

Mit Hilfskonstruktionen, meist dreidimensionalen Modellskizzen oder Rastern kann die Form zunächst als Zeichnung auf dem Papier konstruiert oder rekonstruiert werden (Proportionen, tiefenräumliche Ausdehnung). Dann werden Licht und Schatten auf der Oberfläche angelegt. Versierte Zeichner antizipieren diese Arbeitsschritte während des Zeichenprozesses. Sie können plastische Körper dann scheinbar aus dem Nichts aufs Papier zaubern.

Komposition

In der ***Komposition*** (lat. compositio = Zusammenstellung) verbinden sich verschiedene Ausdrucksmittel der Formensprache. Der Begriff wird mit unterschiedlichen Bedeutungen verwendet. Komposition im weiteren Sinne bezeichnet die Ganzheit aller Wechselwirkungen von Elementen eines Werkes. Im engeren Sinne ist die Anordnung der wesentlichen Elemente eines Kunstwerks (insbes. in Malerei, Grafik, Skulptur, Fotografie) gemeint und umfasst Verteilung, Lage, Ausrichtung und Gewichtung der Elemente eines Kunstwerks.

Verteilung, Lage und Ausrichtung beziehen sich in Malerei, Grafik und Fotografie auf die Bildfläche, in Plastik und Skulptur auf den Umraum. Gewichtung bezieht sich auf die Wirksamkeit der einzelnen Bildelemente, die durch Größe, Farbigkeit oder durch andere Eigenschaften bestimmt sein kann.

Jede Komposition hat ihre Eigenart, dennoch gibt es bestimmte Kompositionsmuster, deren sich Künstler bedienen. Sie sind durch eine charakteristische Anordnung und Ausrichtung der Bildelemente gekennzeichnet und vermitteln eine unterschiedliche Grundstimmung.

Kompositionsmuster dürfen aber nicht mit der eigentlichen Komposition verwechselt werden. Gerade die individuelle Abweichung vom Muster kann den Reiz der Komposition eines Kunstwerkes ausmachen:

- So kann gerade die Unterbrechung einer ***Reihung*** von Gegenständen in einem Stillleben Spannung erregen und die Aufmerksamkeit wecken (s. u.).
- Auch ist es möglich, dass sich in der Komposition mehrere Kompositionsmuster überlagern: z. B. kann eine symmetrisch angelegte Architekturszene – eine Straße – von einer Streuung in Form einer Figurenansammlung überlagert sein.

Anordnung	Wirkung	Grafik
Figurale Ordnung: Dreieck, Kreis, Oval usw.	Je nach Art der figuralen Ordnung: Ruhe, Bewegungstendenzen, Ausrichtung auf ein Zentrum, auf Achsen	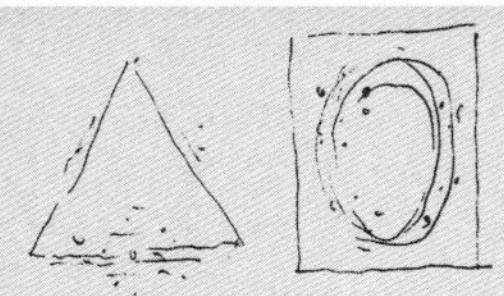
Teilungsschemata (halbieren, dritteln, vierteln usw.)	Entschiedenheit, Übersichtlichkeit, Richtungstendenzen: horizontal, vertikal, diagonal	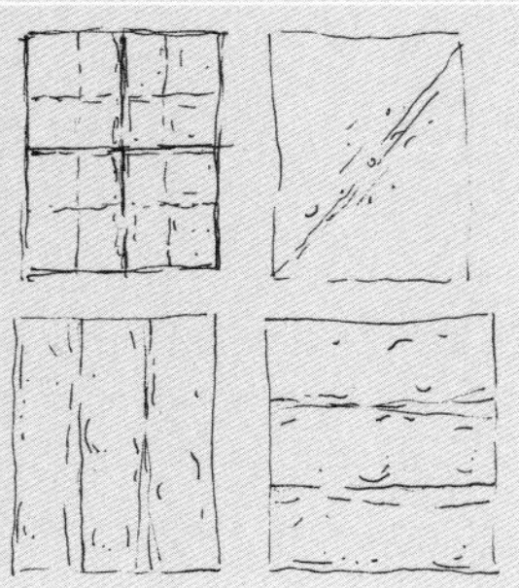

Kompositionsmuster – Anordnung

Anordnung	Wirkung	Grafik
Reihung, gleichmäßig	Klarheit, Übersichtlichkeit, Ordnung, Vorsatz	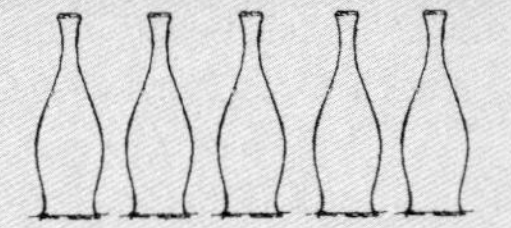
Reihung, rhythmisch	Klarheit, Unruhe, Störung, Irritation, Spannung	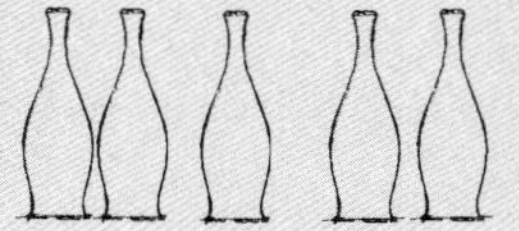
Reihung, dramatisiert	Lenkung der Aufmerksamkeit, Überraschung, Neugier, Eindruck eines Geschehens	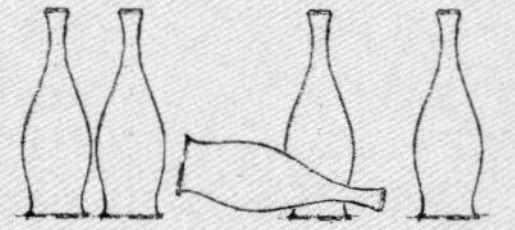
Streuung	Durcheinander, Chaos, Bewegung	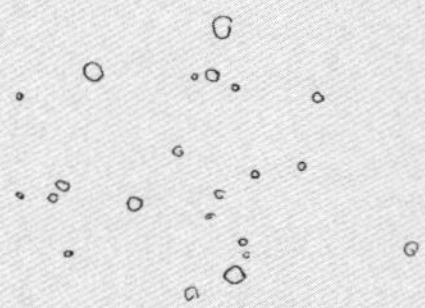
Ballung, Häufung, Verdichtung	Konzentration, Anziehung, Bewegung auf ein Zentrum hin oder von ihm weg	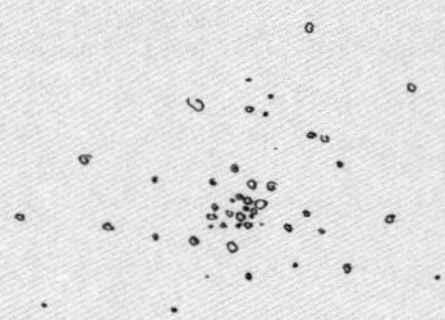
Gruppierung	Multipolare Vielfalt, Verwandtschaft, Anziehung, Nähe und Ferne	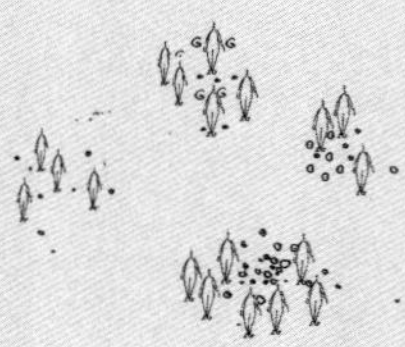
Raster	Ordnung, Sterilität, Langeweile, Klarheit	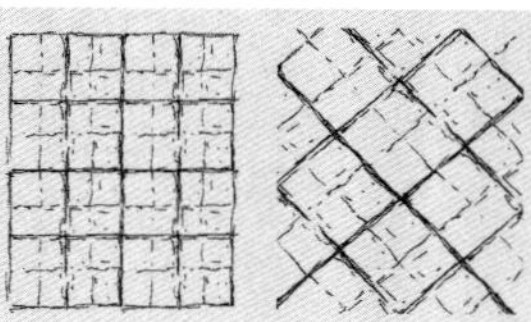

Kompositionsmuster – Anordnung

Ausrichtung	Wirkung
symmetrisch	Ruhe, Dominanz, Gleichgewicht, Stabilität
asymmetrisch	Unruhe, Ungleichgewicht, Labilität
diagonal	Dynamik, Bewegung, Erregung
parallel	Zielgerichtete Bewegung, Dominanz
orthogonal	Ordnung, Klarheit, Übersichtlichkeit
horizontal	Weite, Stabilität, Liegen, der Schwerkraft erliegen, Passivität
vertikal	Höhe, Dynamik, Aktivität, Aufrichten, der Schwerkraft trotzen

Kompositionsmuster – Ausrichtung

Blick- oder Augenführung

Blickführung lenkt den Blick des Betrachters auf der Fläche, im Tiefenraum und um Körper herum. Künstler, Architekten oder Designer bedienen sich verschiedenartiger formaler und inhaltlicher Ausdrucksmittel, um den Blick zu lenken: Mittel der Raumdarstellung, der Farbkontrastierung, der Linienführung, der Flächenverteilung, aber auch inhaltlicher Akzente wie symbolische Gehalte oder das Arrangement von Motiven z. B. durch die Ausgestaltung von Figuren und Figurengruppen mittels Gesten, Blickrichtungen und ihrer Positionierung im Raum.

Durch entsprechende Akzente kann die Aufmerksamkeit des Betrachters gelenkt werden. Allerdings können sich verschiedene Pfade der Blickführung überlagern. Auf diese Weise können auf ein und demselben Gemälde, Plakat oder Foto mehrere Bahnen der Blickführung angelegt sein. So kann es sein, dass ein Betrachter zunächst dem Wechselspiel der Farbakzente folgt, während dem anderen zuerst die Buchstabenfolge des Texts ins Auge springt und der dritte zunächst den Tiefenraum des Bildmotivs auslotet. Bei genauerer Betrachtung erschließt sich mit der Zeit das Wechselspiel dieser verschiedenen Bahnen der Blickführung – der Betrachter „liest sich ein" und gewinnt ein immer intensiveres Verständnis des Werkes.

In welcher Folge der Betrachter die verschiedenen Zugänge zum Werk aufgreift, hängt von seiner persönlichen Stimmung, seinen individuellen Vorlieben und auch von seiner Kenntnis künstlerischer Ausdrucksformen ab. So wird er in der Regel z. B. mit einem älteren Kunstwerk anders umgehen, wenn er das kulturelle Umfeld kennt und mit anderen, ähnlichen Werken vertraut ist; ein zeitgenössisches Plakat wird sich leichter erschließen lassen, wenn man sich klarmacht, an welche Zielgruppe es sich wendet und welche Ziele es verfolgt.

Naturalismus

Naturalismus bezeichnet eine Form der bildnerischen Darstellung in Malerei und Plastik, die auf genaue Wiedergabe des Erscheinungsbildes von Gegenständen und Räumen abzielt. Dazu gehört die konsequente Anwendung der verschiedenen Regeln der Raumdarstellung, der Darstellung von Plastizität und Erscheinungsfarbe. Beispiele: ***Porträtmalerei*** der ***Hochrenaissance***, die ***Stilllebenmalerei*** des ***Barock*** und der ***Hyperrealismus*** oder ***Fotorealismus*** des 20. Jh.s.

Merkmale naturalistischer Darstellung wurden von GEORG SCHMIDT herausgearbeitet:

1. Drei Illusionen – Räumlichkeit (korrekte Perspektive), Körperlichkeit (stimmige Plastizität, Licht/Schatten), Stofflichkeit (Eindruck von der Oberflächenbeschaffenheit)
2. Drei Richtigkeiten – zeichnerische Richtigkeit, anatomische Richtigkeit, farbliche Richtigkeit (Einfluss der Beleuchtung auf die farbliche Erscheinung von Gegenständen).

Werden alle diese Gesichtspunkte bei der Darstellung konsequent berücksichtigt, ergibt sich ein täuschend genaues dokumentarisches Abbild.

Formensprache der Malerei

Farbmaterial, Pigmente

Im Wesentlichen bestehen Farben aus zwei Bestandteilen: aus dem Pigment und aus dem Bindemittel. Teilweise werden noch nichtfärbende Füllstoffe hinzugesetzt – auch, um die Farbe dicker, cremiger, pastoser zu machen.

Pigmente sind pulverisierte Grundbestandteile der Farbe. Es sind farbige Kristalle, die heutzutage chemisch hergestellt werden (z. B. Titanoxid als Weiß) oder aus verschiedenen Naturstoffen gewonnen werden (z. B. aus Erde (Siena = Rotbraun), aus Edelsteinen (Lapislazuli für Ultramarinblau), aus Pflanzenfarbstoffen oder tierischen Ausscheidungen (Purpurschnecken), aus Metallablagerungen (Grünspan) oder aus Verkohlungen (Umbra/grüne Erde gebrannt = Dunkelbraun mit leichtem Grünstich).

Vielfach geben die Pigmente der Farbe ihren manchmal merkwürdig erscheinenden Namen. So bezeichnet Elfenbein ja an sich einen weißen Elefantenzahn, dennoch wird unter Elfenbeinschwarz ein sattes Schwarz verstanden, das man aus dem Ruß von verkohltem tierischen Elfenbein gewinnt.

Farbkonsistenz, Bindemittel

Um die Pigmente nun überhaupt untereinander und mit dem Malgrund haltbar zu verkleben, ist ein Bindemittel nötig.
Viele Eigenschaften der Farbe werden durch das gewählte Bindemittel (z. B. Leinöl, Kunststoffdispersion/Acryl, Kautschuk, Ei) bestimmt. Entsprechend werden Farben auch nach dem Bindemittel benannt: z. B. Ölfarbe, Acrylfarbe, Eitempera. Leinöl blickt auf eine lange Tradition zurück, bereits seit dem 6. Jh. wurde es zum Firnissen (Versiegeln gegen Veränderungen) benutzt. Ab dem 15. Jh. verbreitete sich die Malerei mit Ölfarben recht schnell – u. a. durch die Brüder VAN EYCK oder auch DÜRER. Die bis dahin verbreitete Temperatechnik blieb aber ebenfalls noch lange in Gebrauch.
Je nach ausgewähltem Malgrund (Wand, Holz, Metall, Leinwand), nach Grundierung (Kreide, Gold, Putz), nach der gewünschten Bearbeitungsform (schnell trocknend für eine flotte, gestische Malweise mit Borstenpinseln oder trocknungsverzögernd bei feinster Schichtenmalerei mit Haarpinseln) und/oder nach der beabsichtigten Wirkung (reliefartiger oder transparenter Farbauftrag, leuchtende, stumpfe oder durchscheinende Farbwirkung) entscheidet sich ein Maler für ein geeignetes Bindemittel.

Malwerkzeuge

Die Wahl der Malwerkzeuge hat einen entscheidenden Einfluss auf die Bildwirkung: Neben den Fingern ist beim Malen der Einsatz von Pinseln, von Spachteln, Mal- oder Palettmessern, Rakeln, Schwämmen, Lappen, flächig arbeitenden Stiften, Spritzwerkzeugen und Sprühdosen möglich. Pinsel werden heute noch aus Naturhaaren von Tieren (Eichhörnchen, Schweinen, Rindern, Bären und Rotmardern) in diversen Formen (spitz/rund, flach/breit, fächerförmig, stumpf) hergestellt. Inzwischen sind aber mit den Kunstfaserpinseln auch ökonomisch wie ökologisch interessante Alternativen auf dem Markt.

TIPP Übersichten über Pinselvarianten finden sich in kostenlosen Katalogen des Künstlerbedarfshandels.

Im Wesentlichen unterscheidet man zwei Kategorien von Pinseln: ab einem Haarkörper-Durchmesser von 0,2 mm sprechen wir von Borsten, bis zu einer Stärke von 0,15 mm von einem Haar. Die Verwendung dieser beiden Pinselarten hängt mit den Intentionen des Malers zusammen: Es ist logisch, den breiten Borstenpinsel eher gestisch und für pastosen, flächigen Farbauftrag (z. B. für das Grundieren) zu benutzen, während ein Haarpinsel der Erzeugung feiner, präziser Konturen oder hauchzarter Lasuren dienen kann. Malanfänger sind nicht selten verwundert, wie stark beim Grundieren von „tra-

genden Flächen" sich die Spur eines spitzen Haarpinsels abzeichnet: Der so erzeugte farbige Grund erscheint dann nämlich oft unruhig, weil die Haarpinselspur ungewollte Konturen hervorbringt.
Die Vorlieben für ein Malwerkzeug hängen nicht selten mit dem Temperament des Künstlers zusammen: Die Präzision einer Malerei von CRANACH ist nur mit feinen Haarpinseln zu erreichen, während die expressive Malerei eines BACON den Gebrauch des Borstenpinsels voraussetzt.
Das entscheidende Kriterium für die Qualität (und den Preis) des Pinsels ist die Spannkraft des Haarkörpers, seine Schuppenstruktur sowie die Anzahl der Haare und die Art ihrer Bindung; sie bestimmen wesentlich die Saugfähigkeit und Farbabgabefähigkeit des Pinsels. Der Nachteil der Synthetikpinsel liegt in ihrer vergleichsweise schnellen Farbabgabe, da ihnen die natürliche Schuppenstruktur des echten Haares fehlt. Hohe Spannkraft und gute Haltbarkeit der Kunstfaser gleichen diesen Mangel aber aus.
Mit Spachtel und Rakel kann die Farbe pastos aufgetragen und wieder abgezogen werden, dabei entstehen sehr eindrucksvolle Farbschlieren und zufällige Farbverwischungen, mit denen z. B. RICHTER in einem Teil seiner Werke experimentiert hat.

Farbauftrag, Spuren von Ausdrucksbewegungen

Eindrucksvolle Beispiele für einen pastosen Farbauftrag zeigen die Gemälde VAN GOGHS. Er verwendet seine Farben oft pastos und zäh, zudem satt und cremig – ja hin und wieder finden sich sogar noch Reste der ausgedrückten Tuben im Relief der Bilder wieder. Dieser Farbauftrag verleiht seinen Bildern im Zusammenspiel mit dem oft groben, stark strukturierten Malleinen eine energische Präsenz. Unterstützt wird die Kraft seiner Malerei noch durch die schnelle, zuweilen stürmische Arbeit vor der Leinwand, welche als Ausdrucksspur die seelische Anspannung und emotionale Unmittelbarkeit des Malers verrät.
Die feine lasierende Malweise der altmeisterlichen VERMEER oder CARAVAGGIO, später auch DALÍ oder HAUSNER unterscheidet sich davon in Vorgehensweise und Wirkung entscheidend. Minutiös haben die genannten Maler hier ihre Werke durchgearbeitet und sind dabei planvoll, kalkuliert und sehr (zeit-)aufwändig vorgegangen. Viele ihrer Werke wirken daher manchmal eigentümlich still, ungemein detailgetreu und der Betrachter fühlt sich zur eingehenden Erkundung eingeladen.

Formensprache der Plastik

Als Plastik im weiteren Sinne werden verschiedene dreidimensionale Ausdrucksformen bezeichnet, die sich unterschiedlicher Materialien bedienen. Früheste Zeugnisse sind über 35 000 Jahre alt (Tübinger Pferdekopffigurine).

Additive und subtraktive Verfahren

Im engeren Sinne bezeichnet ***Plastik*** eine Sonderform dreidimensionalen Gestaltens, bei dem Modelliermaterial (Ton, Gips, Wachs) angetragen, aufgeschichtet, umgeformt (additives Verfahren) und dann häufig abgeformt und abgegossen (Metall, Kunststein, Kunststoff) wird. Dabei werden oft skelettartige Gerüste (Armierungen) verwendet, um der weichen Modelliermasse von innen her Halt zu geben. Demgegenüber basiert die ***Skulptur*** auf dem Prinzip des Abtragens von Material eines kompakten Körpers mittels Hammer und Meißel oder Messer und Holzbeitel (subtraktives Verfahren). Wird Stein bearbeitet, spricht man von ***Bildhauerei,*** wird Holz bearbeitet, von ***Schnitzerei.***

Die traditionellen Formen werden in der modernen Kunst durch ***Materialmontagen,*** aufgefundene Objekte oder durch bewegliche Bestandteile ergänzt. Die verschiedenen Techniken eröffnen unterschiedliche Ausdrucksmöglichkeiten. Beim ***Modellieren*** auf einem statischen Gerüst (Armierung) zum Beispiel können ausladende, weit in den Raum hineingreifende Bewegungen gestaltet werden, denn das Modelliermaterial wird durch das Gerüst gestützt. Auf diese Weise kann ein dynamischer Bewegungseindruck entstehen. Bei der Steinskulptur würden zu ausladende Bewegungen hingegen aufgrund der Materialschwäche abbrechen. In Stein geschlagene Objekte wirken so oft blockhafter, schwerer als die vielfach feingliedrigen Bronzeplastiken.

Die Modellierung von Plastiken ist während des Gestaltungsprozesses meist reversibel, d. h., man kann auch nachträglich Verbesserungen anbringen. Bei der Arbeit in Stein verhält sich dies ganz anders. Einmal abgeschlagen, kann das Material nicht einfach wieder angebracht werden. Weitblick, sorgfältige Planung und/oder dauernder Überblick über den Gesamtblock sind notwendig, um keinen Fehler zu begehen.

Die Arbeitstechniken in der Bildhauerei sind vielfältig: Raspeln, Sägen, Hauen, Bohren, Antragen, Schweißen, Treiben usw.

Rundplastik, Vollplastik, Relief

Rundplastiken sind dreidimensionale Werke mit mindestens drei Sichtseiten. Vollplastiken sind Objekte oder Figuren, die frei stehen. Reliefs als plastisch gestaltete Flächen vereinigen Prinzipien der Flächengestaltung wie flächige Raumprojektionen (Staffelung, Fluchtpunktkonstruktionen) mit Formen plastischen Gestaltens (Modellierung, Spiel von Licht und Schatten auf der Oberfläche). Bei vollplastischen Reliefs ***(Hochrelief)*** treten die Figuren, Objekte oder Formbildungen dreidimensional aus der Fläche heraus, bei halbplastischen wölben sie sich lediglich hervor ***(flachplastisches Relief).*** Beim

Durchbruchrelief wird die hinterste Reliefschicht, die Grundplatte, durchbrochen.

Zwischen Körper und Raum

Ob Stahl, Bronze, Gips, Holz oder Marmor, die Spannung zwischen dem Kern einer geschlossenen Figur und ihrem Ausgreifen in den Raum bildet die Grundlage für ihre Wirkung auf den Betrachter. Es ist das ästhetische Spiel zwischen Kern, Oberfläche und Umfeld, durch welches die Plastik zum Leben erweckt wird. Es kann dabei ganz beim Blockhaften bleiben (Brancusi), zur Lochplastik führen (Moore, Arp), Raumplastik werden (Kricke) oder hin zur kinetischen Plastik, welche die Dimension der Bewegung einbezieht, gehen (Tinguely).
Die so entstehende tiefenräumliche Komposition lebt von dem Spiel mit Ausdehnung, Raumgreifen, Verharrung, Aus- und Einwölbung, Löchern, Geraden, Gewicht, Gegengewicht, Statik, Last, Stütze, Balance, Ungleichgewicht, Zug, Schub und Druck.
Von der Umgebung wird die Plastik oft durch Sockel oder Plinthe (Bodenplatte) abgehoben. Häufig wird die Plastik durch Platzierung und Proportionierung in Architekturzusammenhänge eingebettet (romanische und gotische Kathedralen, barocke Plätze und Brunnenanlagen, zeitgenössische Denkmale und „Kunst am Bau“).

Oberfläche

Die Oberfläche der Plastik (auch ihr Relief) wirkt durch Werk- und Arbeitsspuren wie Aufrauung (Rodin), Glättung (Marini), Polierung (Canova) und den eigenen Materialreiz (Metall, Holz, Stein usw.). Plastiken können Werkspuren aufweisen, nicht erst in der Moderne geschieht dies absichtlich, um den prozesshaften Charakter des Werkes zu betonen (Spuren von Meißel und Hammer, Schleifspuren, herausschauende Stützdrähte usw.). Sie geben dem Aussehen eine spontanere Wirkung und schaffen eine gewisse Nähe zum Gestaltungsakt des Künstlers, die den meisten Betrachtern den Zugang zum Werk erleichtern soll, anstatt die Skulptur auf ein Podest zu heben.
Häufig wird die Oberfläche durch Bemalung akzentuiert. Je nach Art der Farbigkeit wird dadurch der realistische Eindruck unterstützt (z. B. Hautfarbe, Augen bei Figuren aus ***Antike, Renaissance, Barock*** oder auch im zeitgenössischen ***Hyperrealismus*** von Hanson) oder Verfremdungseffekte ausgelöst (de St. Phalle, Tinguely).
Wichtigstes Moment in der Betrachtung der Plastik ist ihre Komposition. Sie gibt Aufschluss über die Massenverteilung, die Spannung im Wechsel der Volumina, die Dramaturgie der Bewegungsabläufe, über Höhepunkte, Kulminationsstellen des Werkes. (s. auch: Blickführung ▸ S. 19)

Formensprache der Grafik

Grafik (von altgriechisch graphein = schreiben) kennzeichnet ein Teilgebiet der bildenden Kunst und umfasst Zeichnen und Drucken als künstlerische Ausdrucksformen sowie in neuerer Zeit auch künstlerische Computergrafik. Künstlerische Grafik wird unterschieden von Gebrauchsgrafik und Grafikdesign.

Zeichnung

Unter Zeichnungen versteht man Bildwerke, die auf einer Bildfläche mittels ***Linien, Schraffuren, Schattierungen, Farbflächen*** und vielfältigen Farbspuren (Lavuren, Spritzer usw.) beobachtete oder erdachte Formen wie flächige Umrisse, räumliche oder plastische Darstellungen kennzeichnen.
Die Zeichnung bedient sich trockener (Blei- und Farbstifte, Kreiden, Kohle) und flüssiger Farbsubstanzen (Tusche, Tinte, Sepia, Aquarell- und Gouachefarben), die auf flächige Materialien wie Papier, Karton und andere glatte Oberflächen aufgebracht werden. Der Aufwand beim Zeichnen ist relativ gering: Es genügen Papier und Bleistift. Die Gestaltungsmöglichkeiten sind hingegen unbegrenzt: Naturstudium, Entwurf, Konstruktion, spielerische Formbildungen, Skizzen – bezogen auf Fläche, Raum oder Plastizität – lassen sich festhalten. Entsprechend breit ist das Spektrum der Ausdrucksmittel: Linien, Spuren, Flächen, Mittel der Raumdarstellung, Mittel zur Darstellung von Plastizität; Ausdrucksmittel der Farbe haben für das Zeichnen eher eine untergeordnete Bedeutung.
Das Zeichnen bedient sich häufig ***Hilfskonstruktionen,*** welche dabei helfen, Proportionen, tiefenräumliche Konstellationen oder plastische Eigenschaften nachzuformen. Sie helfen aber nicht nur bei der naturgetreuen Wiedergabe eines Objekts oder einer Szene, sondern fördern das räumliche Vorstellungsvermögen und die Beobachtungsgabe. Erfahrene Zeichner haben diese Hilfskonstruktionen verinnerlicht und wenden sie an, ohne dass diese auf dem Zeichenblatt direkt sichtbar werden.
Schraffuren kennzeichnen Flächen oder flächige Effekte wie Schatten und Texturen. Sie verdeutlichen die räumliche Ausrichtung von Flächen und vermitteln den Eindruck einer Tönung. Sie bestehen aus Linien, die in dichter Folge und Lage parallel, kreuzförmig oder auch in freier Linienführung gesetzt werden. Oft werden Schraffuren sehr schnell aufgebracht, wodurch die einzelnen Linien brüchig wirken und der flächige Charakter der Schraffur verstärkt wird.

Druckgrafik

Unter Druckgrafik versteht man einen Bereich der Grafik, der sich der Gestaltungsmöglichkeiten bedient, die verschiedene Drucktechniken eröffnen.

Dabei unterscheidet man zwischen Techniken mit einem ***Druckstock*** (Punkte 1–4) und ohne einen solchen (Punkt 5):

- ***Hochdruck*** – die erhabenen Teile des Druckstocks nehmen die Druckfarbe auf (Holz- und Linolschnitt),
- ***Tiefdruck*** – die Druckfarbe wird in die Vertiefungen des Druckstocks hineingerieben (Holzstich, Kaltnadel, Radierung, Aquatinta, Mezzotinto),
- ***Flachdruck*** – die Druckfarbe haftet nur an den entsprechend behandelten Partien des flachen Druckstocks (Lithografie und Offset),
- ***Monotypie*** – Objekte werden eingefärbt und abgedruckt,
- ***Schablonen***- und ***Siebdruck*** – die Farbe wird über Raster oder Schablonen gedrückt und überträgt sich so auf das Papier.

Die Druckgrafik entwickelt sich in China seit dem 6. Jh. und in Europa etwa seit dem 15. Jh., um Bilder einem größeren Publikum zugänglich zu machen. Die dabei zunächst genutzten Techniken des ***Holzschnitts*** und des ***Holzstichs*** fordern eine gewisse Reduktion der Linienverläufe und der Flächen auf einfache, aber signifikante Formzüge in schwarz-weißem Kontrast (DÜRER).
Kupferstich (seit dem 15. Jh.), scharf konturierende ***Kaltnadel*** und die weichere ***Radierung*** (Anf. 16. Jh.) ermöglichen die Reproduktion von Linien. Entsprechend erschließen sich die betreffenden Künstler die reichen Ausdrucksmöglichkeiten der Linie und eröffnen ganz eigene künstlerische Ausdrucksformen (z. B. REMBRANDT). ***Aquatinta*** (seit 1768) erweitert das Spektrum durch flächige Texturen und flüssige Verlaufsspuren, die mittels Abdecklack und anschließender Ätzung auf die metallenen Druckplatten aufgebracht werden (z. B. GOYA).
Lithografie (seit 1796) ermöglicht die Wiedergabe einer großen Fülle von Linien, Spuren, Texturen. Der künstlerische Reiz liegt im Umgang mit dem Druckstock, also dem Lithostein, denn die einmal aufgebrachten Spuren lassen sich nicht ohne weiteres rückgängig machen. Im Verlauf des 19. Jh.s werden dann Verfahren zum Vielfarbendruck entwickelt, was für den Künstler bedeutet, mehrere Druckstöcke unabhängig voneinander gestalten und das farbliche Zusammenspiel antizipieren zu müssen. Auch dies ein Anreiz insbesondere für erfahrene und virtuose Zeichner (wie TOULOUSE-LAUTREC, PICASSO).
Die ***Monotypie*** ermöglicht experimentelles Erschließen von Formen und Texturen des Druckbildes verschiedenartigster Gegenstände und Materialien. Die Drucke können weiterverarbeitet, collagiert oder montiert werden (DEGAS, ROHLFS, TANGUY).

1.2 Formensprache der bildenden Kunst im Wandel der Zeiten

Die Antike

Die Kulturen des Zweistromlandes zwischen Euphrat und Tigris (Babylon), die frühen Staaten des vorderen Orients (z. B. das Reich der Hethiter) und die Nilkultur Ägyptens sind durch archäologische Ausgrabungen und durch schriftliche Überlieferungen recht gut dokumentiert. Zeugnisse anderer Kulturen, z. B. der Megalith-Kultur Nord- und Westeuropas sind schwerer zu fassen, bilden aber ebenfalls wichtige Grundlagen für die Entfaltung späterer Kulturen. In der griechischen Kultur der Hellenen (seit dem 8. Jh. v. Chr.) versammeln sich verschiedene kulturhistorische Entwicklungsstränge. Anders als die von Gottkönigen oft autoritär regierten orientalischen Staaten organisieren die Hellenen sich dezentral in vielen unabhängigen Stadtstaaten (Poleis) rund um das Mittelmeer und das Schwarze Meer. In diesen Staaten herrschen meist Adels- oder Bürgergremien, oft hat die Bürgerschaft weitgehende Mitbestimmungsrechte (Demokratie). Viele Bürger der Poleis können sich also als frei und auch als gleich empfinden. Das unterscheidet sie von den Untertanen der verschiedenen orientalischen Staaten. Die griechische Kultur entwickelt sich aus diesem Selbstbewusstsein freier Menschen: Schöne, edle, freie Griechen zeigen sich in heldenmütiger, tragischer, stolzer Auseinandersetzung mit den Gewalten der Natur, der Götter, des Schicksals. Ihre Götter- und Mythenwelt illustriert menschliche Verhaltensweisen und Charaktere in drastischen Beschreibungen und Erzählungen. Mit der Zeit bilden sich Wissenschaften und eine differenzierte Literatur heraus, ein Weltbild wird entworfen und in Text und Bild festgehalten.

Diese Kultur findet deutlichen Ausdruck in Architektur, Plastik und den Dekorationen griechischer ***Keramik.*** Zwar kann man in verschiedenen Überlieferungen auch von berühmten und beeindruckenden Gemälden und eindrucksvoller Musik lesen, diese sind allerdings leider nicht erhalten.

Die griechische ***Architektur*** verweist auf die freien Bürger: In den Städten gibt es meist keine Herrscherpaläste, stattdessen werden sie durch die Wohnbauten der Bürger bestimmt. Das Zentrum bildet die Agora, also der Markt- und Versammlungsplatz mit angegliederten öffentlichen Bauten wie Sportstätten, Gericht, Theater, Bibliothek. Die ***Tempel*** sind Orte der Identifikation mit den gemeinsamen Ideen und Vorstellungen über den Sinn der Welt. Durch den Säulenumgang erscheinen sie nach allen Seiten hin offen, nur durch wenige, flache Stufen vom Boden abgehoben. Das unterscheidet diese Tempel deutlich von den vielfach durch gewaltige Treppenanlagen und hohe Mauern entrückten Tempelanlagen orientalischer Gott-

seit 50 v. Chr.	0	bis 400 n. Chr.	500	7

Antike

griech. Klassik
ca. 475–330 v. Chr.

Kunst d. Römer
Kaiserzeit
27 v. Chr.–395 n. Chr.

Hellenismus
ca. 330–30 v. Chr.

Frühchristl. Kunst
ca. 300–750 n. Chr.

Byzantinische Kunst
seit 330 bis zur Plünderung
Konstantinopels 1204

Karoli
gische
Kunst
750–
A. 10.

A. = Anfang H. = Hälfte
E. = Ende M. = Mitte

Zeitliche Abfolge von Stilen und Epochen

könige, deren Residenzstädte meist ganz auf die Palastanlagen ausgerichtet waren.

In der ***Plastik*** entwickelt sich ein ganz neues Menschenbild. In der ***frühen (archaischen) Periode*** orientieren sich die Künstler noch an statischen, auf eine Schauseite hin konzipierten ägyptischen Vorbildern – männliche Figuren nennt man *Kouros*, weibliche *Kore* (**BEISPIEL** *Kroisos v. Anavyssos* im Archäologischen Nationalmuseum von Athen).

In der ***klassischen Periode*** erschaffen sie plastische Figuren, welche die menschliche Gestalt in Rundumsicht und in freier, natürlicher Haltung und in realistischer Proportionierung zeigen (***Kontrapost*** als Körperhaltung, bei der das Standbein das Körpergewicht trägt, während das Spielbein entlastet

0 1100 1300 1500 1700 1900 2000

Mittelalter — Neuzeit — Moderne

Spätbyzantinische Kunst 1258–1453

Romanik Frankreich ca. 1000–1150
Deutschland ca. 1050–1250
teilweise bis ins 14. Jh.

Ottonische Kunst ca. 919–1038

Gotik Frankreich ca. 1150–1. H. 16. Jh.
Deutschland ca. 1230–1. H. 16. Jh.
Italien A. 13. Jh.–A. 15. Jh.

Renaissance Italien A. 15. Jh.–M. 16. Jh.
Frankreich E. 15. Jh.–M. 16. Jh.

Klassizismus 1760–1830
Frühromantik seit M. 18. Jh.
Romantik E. 18. Jh.–M. 19. Jh.
Realismus 1830–1880
Impressionismus M. 19. Jh.–A. 20. Jh.
Expressionismus E. 19. Jh.–A. 20. Jh.
„Abstraktion" seit A. 20. Jh.

Barock 1570–1750
Rokoko 1710–1800

wird und auf elegante Weise Gelassenheit und Entspannung signalisiert (**BEISPIEL** *Doryphoros* im Archäologischen Nationalmuseum von Neapel). Diese Figuren zeigen das Ideal des freien Menschen, sind also nicht als Porträts gedacht und werden deshalb auch mit den entsprechenden überirdischen Götterfiguren in Verbindung gebracht: Schöne junge Männer als Apollon, schöne junge Frauen als Aphrodite, beeindruckende ältere Männer als Göttervater Zeus und erwachsene Frauen als Pallas Athene oder Hera (**BEISPIELE** *Kasseler Apoll,* Museum Kassel Wilhelmshöhe; *Aphrodite v. Fréjus,* Bronzestatuette aus Dodona, Staatliche Museen preußischer Kulturbesitz; *Athena Medici* im Louvre, Paris). PHIDIAS und POLYKLET waren die angesehensten Bildhauer und Architekten dieser Zeit.

Neben diesen fast programmatischen Idealbildern schaffen griechische Künstler eine Vielzahl von Figurenkompositionen, die sich mit historischen Ereignissen und mythologischen Überlieferungen befassen. Das Alltagsleben wird durch formenreiche und elegante Dekoration der Wohnräume und der öffentlichen Anlagen sowie durch geschmackvolle Gestaltung von Gebrauchsgütern wie Möbeln, Geschirr, Kleidung und Schmuck bereichert. In der Spätphase der hellenischen Kultur, dem ***Hellenismus***, verliert die Kunst die weihevolle Strenge der klassischen Periode: Plastische Figuren und grafische Darstellungen erscheinen vielfach verspielt, sentimental, pathetisch und frivol (**BEISPIELE** *Schlafender Satyr*, München, Glyptothek; *Laokoon-Gruppe*, Rom, Vatikanische Museen), allerdings werden mancherorts weiterhin klassische Traditionen gepflegt. Mit der Eroberung des vorderen Orients durch Alexander den Großen verbreitet sich die hellenische Kultur weit über die Siedlungsgebiete der Griechen hinaus. Das römische Reich übernimmt und absorbiert die künstlerischen Errungenschaften der griechischen Kunstwelt und des Hellenismus und etabliert sie in großen Teilen Europas, Asiens und Afrikas.

In der Folge wird die griechisch-römische Kultur zum Vorbild für die Künstler der ***karolingischen Renaissance*** (8./9. Jh.), der ***Renaissance*** (15./16. Jh.), des ***Klassizismus*** (Ende 18./Anfang 19. Jh.) und des ***Neoklassizismus*** (19./20. Jh.).

Ein Neubeginn – karolingische Kunst

Nach dem Ende des Römischen Reiches (476) und den Wirren der Völkerwanderungszeit (bis ins 6. Jh.) bot sich im neu entstandenen Frankenreich für Künstler ein ergiebiges Betätigungsfeld. Klöster, Pfalzen und Kirchen wollten gestaltet, wertvolle Handschriften illuminiert werden. Neben Vorbildern aus der Antike und von den Germanen brachten die Künstler eigene Impulse ein.

Karl der Große (Kaiserkrönung 800) und seine Nachfolger legten Wert auf Repräsentation ihres Kaisertums, die Geistlichkeit wollte die Kirche angemessen ins Licht rücken. Künstler und Bauherren griffen dabei in Architektur und Mosaikkunst zunächst auf spätantike Vorbilder zurück und zogen erfahrene Künstler aus dem ganzen Reich hinzu (insbesondere Italien). Diese Phase wird auch ***karolingische Renaissance*** genannt.

◆ Architektur

Der Baukunst wird im fränkischen Reich große Bedeutung beigemessen, die Bauformen entwickeln sich in Anlehnung an spätantike Architektur.

BEISPIEL Aachen, *Pfalzkapelle* – Details: ▶ S. 110

◆ **Plastik**

Für karolingische Plastiken gibt es nur wenige Belegstücke. Vom Aufblühen des Kunsthandwerks zeugen Goldschmiedearbeiten und erzählfreudige Elfenbeinschnitzereien.

BEISPIELE *Reiterstatuette Karls des Großen,* Bucheinbände

◆ **Buchmalerei**

Die Vielfalt an Bildformen und Kompositionen orientieren sich an spätantiken, frühbyzantinischen Vorbildern. Die Hofschule Karls des Großen beeinflusst Werkstätten (Scriptorien) im ganzen Reich.

BEISPIELE *Lorscher Evangeliar, Ada-Handschrift*

Ottonische Kunst

Mit der Gründung des Heiligen Römischen Reichs unter den Ottonen (919–1038) etabliert sich eine stabile und prosperierende Kultur mit einheitlichem Stil, der oft auch als Frühform der Romanik bezeichnet wird. Das neue Reich muss sich gegen äußere und innere Feinde behaupten. Das findet seinen Ausdruck im Bau von Burgen und selbstbewussten und wehrhaften Kirchen- und Palastbauten.

Die künstlerische Produktion konzentriert sich auf die Bischofs- und Pfalzstädte sowie die Klosteranlagen. So entstehen in Hildesheim, Trier, Magdeburg und Goslar einheitlich konzipierte Dome oder Domburgen, die durch Bauform und künstlerische Ausstattung das Selbstverständnis der neuen Herrschaft versinnbildlichen; Benediktinerklöster und Burgen des Hochadels sind weitere Schauplätze ottonischer Kultur.

◆ **Architektur**

Eine strenge Gliederung der Bauformen, Vereinheitlichung der Grundrisse, deutliche Betonung von Türmen als Kennzeichen der Kirchenarchitektur, einheitliche, flächige Seitenwände und Flachdecken in den mehr und mehr auf den Typus der Basilika hin entwickelte Kirchenbauten kennzeichnen die Architektur im Übergang zur Romanik.

BEISPIEL *Klosterkirche St. Michael* in Hildesheim ▶ S. 112

◆ **Plastik**

Monumentalplastiken, wie Kruzifixe aus Holz und Bronze, sowie aufwändige Holz- und Bronzeportale, die nun auch mit Reliefs geschmückt werden, kennzeichnen den Aufbruch in neue Dimensionen künstlerischer Ausdrucksmöglichkeiten.

BEISPIELE *Gerokreuz,* Köln; *Bernwardstür,* Hildesheim

◆ Malerei

In der Buchmalerei entwickelt sich ein reiches formsprachliches Repertoire und ein Fundus kreativer und lebendiger Bildgestaltungen und Figurendarstellungen.

BEISPIELE *Perikopenbuch von Heinrich II.* und *Evangeliar von Otto III.*

Die Künstlerwerkstätten und Bauhütten der karolingischen und ottonischen Zeit sind wichtige Quellen der europäischen Kunst des Mittelalters.

Romanik

Die Romanik entwickelt sich seit Anfang des 11. Jh.s in Frankreich und reicht bis ins 13. Jh.; in Zentralfrankreich wird sie bereits Mitte des 12. Jh.s durch die Frühgotik abgelöst und ist der erste sich in fast ganz Europa ausbreitende Stil mit regionalen Sonderentwicklungen. Der Name weist darauf hin, dass viele Formcharakteristika aus der römischen Antike stammen und übernommen bzw. variiert wurden.

Im Hochmittelalter, zwischen 11. und 13. Jh., ändern sich Machtverhältnisse, religiöse Anschauungen und kulturelle Orientierungen im Heiligen Römischen Reich. Der Kaiser als Verkörperung der weltlichen Macht gerät in Konflikt mit dem Papst als dem Vertreter geistlicher Macht. Die Frage ist, ob der Kaiser die Hoheit über die ausgedehnten Herrschaften der Bischöfe behalten oder ob diese unter die Kontrolle der katholischen Kirche kommen sollten. Auf beiden Seiten sammeln sich Gegner und Verbündete. Die Kirche hat seit der Gründung des Frankenreiches ihre bestimmende Rolle im Kultur- und Geistesleben systematisch ausgebaut. Der christliche Glaube ist in der Bevölkerung mittlerweile fest verankert. Die Auseinandersetzung zwischen Kaiser und Papst wird vor allem auch mit kulturellen Mitteln ausgetragen. Eine wichtige Rolle spielt dabei die Architektur von Domen, Kirchen, Palästen und Klosteranlagen. Die Kirchen sind die Kommunikationszentren, in denen sich die Menschen regelmäßig versammeln. Dort veröffentlichte Informationen und Weltanschauungen – Predigten, Gesänge, Bilder, Skulpturen, Reliefs – bestimmen das Bewusstsein der Menschen ganz entscheidend, denn es gibt kein konkurrierendes Medienangebot mit ähnlicher Wirksamkeit. So werden für diese Orte Kunstwerke in großer Zahl und in hoher Qualität hergestellt.

◆ Architektur

Die gewaltigen Steinbauten, die Kaiser, Herzöge und die Kirche errichten, sind für die Bevölkerung umso eindrucksvoller, als diese in der Regel in kleinen Bauten aus einfachen Materialien lebt.

BEISPIELE Kaiserdome in Worms, Speyer, Mainz; s. Details ▶ S. 114

◆ **Plastik**

Im Verlauf der Romanik bilden sich Werkstätten und ***Bauhütten*** heraus, in denen sich die Künstler ein immer breiteres Formrepertoire erschließen. Plastiken und Reliefs werden in Kirchen, Klöstern und Palästen aufgestellt oder angebracht. In der Regel sind sie eingebunden in die Architektur als ***Kirchenportale, Chorschranken,*** als ***Grabmalplastik, Triumphkreuze*** bzw. ***Kopfreliquiare,*** ferner als monumentales plastisches Kultgerät, als Lesepult, Sessel und Throne oder als Leuchter.

Bereits hier entwickeln die Künstler die Fähigkeit, menschliche Figuren im Zusammenhang mit der entrückten Darstellung biblischer Inhalte und der Heiligengeschichten darzustellen. In der Blütezeit romanischer Kunst (in Südfrankreich ab zweitem Drittel 12. Jh.) bemüht man sich, der bis dahin üblichen Entkörperlichung und Entwirklichung des Plastischen und damit der frühromanischen Auffassung vom Kultcharakter der Plastik entgegenzuwirken. Die bis dahin streng hierarchisch geordneten, frontalen Kompositionen der Figuren werden jetzt durch differenzierte Ausdruckswerte und eine größere Beweglichkeit der Figur bereichert.

BEISPIELE spätromanische *Chorschrankenfiguren* in der Liebfrauenkirche zu Halberstadt; *Dom,* Bamberg

Gotik

Seit Mitte des 12. Jh.s verbreitet sich die Gotik von Frankreich aus über weite Teile Europas. In Deutschland setzt sie sich seit ca. 1230 langsam gegenüber der Romanik durch. In Italien endet sie gegen Mitte des 15. Jh.s, in anderen Teilen Europas erst in der ersten Hälfte des 16. Jh.s.

Die Gotik umspannt die Phasen des Hoch- und Spätmittelalters. Die Kunstproduktion in den Klöstern und Pfalzen tritt langsam in Konkurrenz zu den bürgerlichen Kunstwerkstätten in den Städten. Seit ca. 1230 setzt in Deutschland eine Lawine von Städtegründungen ein. Das ökonomische, technologische und soziale Erfolgsmodell Stadt („Stadtluft macht frei") verbreitet sich schnell über ganz Europa. Durch Handel und hoch spezialisiertes Handwerk erwerben die Städte Wohlstand. Die im Gegensatz zur Landbevölkerung freien Stadtbürger gewinnen Selbstbewusstsein, können sich bilden, finden Interesse an Kunst und Kultur. Selbstständige Künstler sind der Konkurrenz auf den städtischen Märkten ausgesetzt und müssen die Qualität ihrer Produkte stetig den wachsenden Bedürfnissen anpassen – Kloster- und Hofkünstler müssen nachziehen. Anregungen und Impulse kommen durch Fernhandel, Kreuzzüge und die Wanderfahrten der Handwerksgesellen.

◆ Architektur

Vor diesem Hintergrund entfaltet sich eine bislang nicht vorstellbare künstlerische Pracht. Diese zeigt sich vor allem im neuen Kirchenbau: Aus filigranen Stützensystemen aufgebaute, hoch aufragende spitzbogige Gewölbe, oft mit hauchdünnen, lichten, farbigen Glaswänden, werden kostbar mit Wandteppichen, Gemälden und Skulpturen geschmückt. Die neuen Kathedralen sind die kulturellen Zentren. Hier finden nicht nur religiöse Zeremonien statt, sondern auch Schauspiele, Diskussionen, Musikaufführungen. Die Stadtbürger identifizieren sich mit ihren Kathedralen, die zu einem großen Teil aus Spenden und Stiftungen finanziert werden. Damit verbindet sich die Hoffnung auf ein gutes Leben im Jenseits. Der Kirchenbau dauert oft sehr lang, nicht selten hundert Jahre und mehr, sodass diese Bauten ständig im Werden begriffen sind. Neben den winzigen Fachwerkwohnbauten wirken die Kathedralen wie Gebilde aus einer anderen Welt – und so werden sie auch verstanden: Sie sollen das himmlische Jerusalem, das Paradies verkörpern.

Alle Künste sind an der Gestaltung der Kathedralen beteiligt: Architekten, Bildhauer, Maler, Kunst- und Goldschmiede, Tischler, Schnitzer, Glasmaler, Kunstglaser, Teppichwirker usw. Die Bauhütten der Kathedralen werden so zu Zentren der Kreativität, des künstlerischen Know-hows und auch zu Kontaktbörsen für Spezialisten.

Die Expertenschaft und Professionalität dieser Handwerker hat Rückwirkung auf die Gestaltung von Profanbauten wie Palästen des Adels oder Wohn- und Geschäftsbauten reicher Bürger. Während die Künstler für die Kirchen vor allem Motive aus der Bild- und Formenwelt des Christentums zu gestalten haben, können sie für Paläste und Bürgerhäuser hier und da andere Inhalte umsetzen.

BEISPIEL *Kathedrale von Chartres* ▶ S. 117

◆ Malerei

Im Verlauf des Spätmittelalters entwickeln sich Frühformen der Porträtkunst *(Stifterbildnisse)*, und es werden – insbesondere in der ***Buchmalerei*** – vereinzelt Motive aus der antiken Überlieferung aufgegriffen (Mythologie, Heldensagen) oder französische Romane und deutsche Epen illustriert.

Früh- und hochgotische Malerei

Leuchtstarke, oft buntfarbige Temperamalerei auf vergoldetem Malgrund (Pergament, Holz) verdeutlicht die kostbare, himmlische Sphäre, in der sich das christliche Heilsgeschehen und die Heiligengeschichten ereignen. Riesige ***Fresken*** (Wandmalereien, die direkt in den feuchten Putz gemalt werden) schmücken die Wände von Klöstern und Kirchen. Sie sind meist nicht so

buntfarbig wie die Tafel- oder Buchmalereien und leben mehr aus Linien, Konturen und Umrissen.
Maria, Christus, die Jünger und Heiligen werden stilisiert dargestellt, denn es handelt sich ja nicht um wirkliche Menschen, sondern um ideale, heilige Gestalten. Alle ins Bild gesetzten Attribute wie Gegenstände und Farben haben symbolische Bedeutung, kein Bildelement wird zufällig gesetzt.
Körperhaltung und Gesten sind ebenfalls symbolisch gemeint (z. B. Segnen, Drohen, Umarmen). Individuelle psychologische Reaktionen in Mimik oder Gestik passen nicht in dieses frühe Denken. Neben ***Altartafeln,*** welche die Gottesmutter, Christus und die Heiligen als ruhende Figuren auf dem Thron zeigen, finden sich Darstellungen, die wie in einer Bildergeschichte Szenen aus dem Leben Christi und der Heiligen darstellen. Für private Auftraggeber (Bürger, Fürsten) werden in Form von ***Buchmalereien*** auch profane Inhalte wie Romane, Heldendichtungen, Chroniken, Kalender illustriert.
BEISPIELE CIMABUE 1280, *San Trinita in Florenz;* BRÜDER VON LIMBURG, *Stundenbuch des Duc du Berry*

1

Spätgotische Malerei (ab ca. 1300/1350)
Aufgaben der spätgotischen Malerei waren – neben der weiterhin blühenden ***Buchmalerei – Fresken, Glasmalerei*** und vor allem ***Andachtsbilder*** und ***Tafelbilder*** für Altaraufsätze mit häufig mehreren Flügeln.
Kostbare Farben (seit dem Ende des 14. Jh.s auch Ölfarben), die raffinierte Darstellung von Stoffen (Faltenwurf) und Materialien sowie eine ausgefeilte Darstellung von Plastizität durch Licht und Schatten kennzeichnen das Spezialistentum der spätgotischen Maler (insbesondere Flamen wie VAN EYCK, *Genter Altar;* VAN DER WEYDEN). Neben lieblichen Bildern, welche das himmlische Geschehen in Formen des „weichen“ oder „schönen“ Stils kleiden (ca. 1400 bis 1430; auch „internationaler Stil“, z. B. in Köln LOCHNER, zierliche, biegsame Körperformen, wogende Falten, Schönfarbigkeit, vielfach im Zuge des Marienkultes) sehen wir andererseits Figurendarstellungen mit realistischen, porträthaften Zügen (VAN EYCK, CAMPIN) und individuellen psychologischen Regungen (seit GIOTTO).
BEISPIEL *Fresken der Arenakapelle* in Padua
Die biblischen Themen werden zum Anlass genommen, sich mit den sichtbaren Erscheinungen der Realität auseinanderzusetzen: Wenn Gott die Menschen nach seinem Ebenbild gestaltet, alle Pflanzen und Tiere erschaffen hat, dann sollen sich die Menschen dieses Schatzes annehmen, ihn beobachten, in Bildern festhalten! So gesehen ist es nachvollziehbar, wenn die Gottesmutter die Gesichtszüge der eigenen Ehefrau oder der Ehefrau des Auftraggebers bekommt, oder das Jesuskind wirklich wie ein Säugling aussieht und wenn auch scheinbar nebensächliche Gegenstände wie Geschirr

und Werkzeuge liebevoll dargestellt werden, zumal wenn diese immer in ihrer religiös-symbolischen Bedeutung eingebracht werden. Statt des Goldgrundes sehen wir nun im Bildhintergrund Landschaften und Stadtansichten. Eine Szene wie die Geburt Christi findet in einem ganz normalen, einfachen Stall statt.

BEISPIELE GRÜNEWALD, *Isenheimer Altar;* RATGEB, *Fresken im Karmeliterkloster* in Frankfurt am Main; ALTDORFER, *Ruhe auf der Flucht*

Auf diese Weise demonstrieren die Künstler eine neue Sicht der biblischen Überlieferung. Diese ist für sie nicht mehr in himmlische Ferne entrückt, sondern Gott ist ganz unmittelbar in der Wirklichkeit, die alle umgibt. Durch Kenntnis der Spielregeln der Wahrnehmung sind Künstler nun auch in der Lage, Fantasiewelten ganz anschaulich und realistisch darzustellen: die Hölle, das Jüngste Gericht, den Himmel, das Paradies.

BEISPIELE MEMLING, *Triptychon des Jüngsten Gerichts;* BOSCH, *Garten der Lüste*

Neben dieser Tendenz wenden sich verschiedene Künstler anderen Themen zu, die in früheren Zeiten tabuisiert waren und die bereits auf die Renaissance verweisen: Dazu zählen Porträts (CRANACH D. Ä.), heidnische Motive wie Hexen (BALDUNG GRIEN), antike Götter und Helden auch in Form der Tafelmalerei.

BEISPIELE CRANACH; ALTDORFER, *Alexanderschlacht*

◆ Plastik

Die gotische Plastik ist stark an die Architektur angebunden, insbesondere an die monumentalen Portale und Westfronten der Kathedralen (z. B. in Paris, Chartres, Reims, Straßburg, Bamberg, Magdeburg, Freiberg), später aber auch in Gesprenge und Fassungen der Altarretabel. Christus, Maria und die Heiligen sowie Herrscher und deren Angehörige sind Hauptmotive der Figurendarstellungen. Zeigen diese in der Früh- und Hochgotik eher stilisierte Züge, eine ruhende Körperhaltung und maßvolle Gestik, so ändert sich dies in der Spätgotik (PACHER, RIEMENSCHNEIDER, STOSS, BACKOFFEN, LEINBERGER u. a.). Die Körperhaltung der Figuren gerät bei Frauendarstellungen in eine geschwungene Form (Linea serpentinata), die sich durch den ganzen Körper zieht, betont durch ein kompliziertes Faltenspiel. In ausdrucksstarkem Realismus, gestenreich und in z. T. expressiven Körperhaltungen zeigen sich dann gegen Ende der Spätgotik bewegte, nahezu freiplastische Einzel- oder Gruppendarstellungen.

BEISPIELE Abendmahls-, Kreuzigungsszenen – RIEMENSCHNEIDER, BACKOFFEN, STOSS

◆ Reformation

Mit der Reformation (seit 1517) gehen gewaltige politische, soziale und kulturelle Erschütterungen einher. Neben völlig neuartigen Interpretationen christlicher Überlieferung, die sich auch in den Künsten niederschlagen (GRÜNEWALD, RATGEB, CRANACH D. Ä.), entwickeln sich religiöse Auffassungen, die Bilder und Schmuck grundsätzlich als Teufelszeug ansehen, das vernichtet werden müsse (Bilderstürmer, Zwingli, seit 1523). Die Reformation bietet dem Adel die Chance, sich vom religiösen Monopol der katholischen Kirche zu emanzipieren. Deshalb fördert er insbesondere Künstler, die die neuen Auffassungen überzeugend ins Bild setzen. Die katholische Kirche wird durch die Reformation grundsätzlich infrage gestellt, fördert zunächst (bis zum Konzil von Trient) traditionelle Kunst und wirkt bei der Verfolgung von Künstlern, die der Reformation nahe stehen, mit (Verfolgung von RIEMENSCHNEIDER und RATGEB). Der durch die Reformation angestoßene Wunsch nach sozialer Gerechtigkeit führt zu Unruhen, insbesondere auf dem Lande (Bauernkriege, 1524–1526). Künstler, die sich auf Seiten der Bauern engagieren, werden von den weltlichen Mächten verfolgt, zum Teil zum Tode verurteilt und hingerichtet (RATGEB).

Renaissance

Renaissance (frz. = Wiedergeburt) bezeichnet eine geistige Bewegung, die gegen Ende des Mittelalters einsetzt (ab Ende des 14. Jh.s ausgehend von norditalienischen Städten wie Florenz, Ferrara, Mailand, Venedig), in Europa große Verbreitung findet, in die Neuzeit überleitet und Ende des 16. Jh.s ausklingt. Der Begriff wird im 19. Jh. von Kunsthistorikern geprägt und kennzeichnet die Rückbesinnung auf die Kultur der Antike.

Im Verlauf des Spätmittelalters geraten überlieferte Wertvorstellungen und Autoritäten ins Wanken: der Glaube, der Kaiser, der Papst, die Kirche und auch das Bild von der Welt. Weltuntergangsstimmung kommt mit der großen Pestepidemie (1347–1352) auf, in der große Teile der Bevölkerung Europas ums Leben kommen. Neue Orientierung suchen Gebildete (v. a. in Städten, aber auch in Palästen und Klöstern) u. a. in den Überlieferungen der Antike. Sie finden hier ein anderes Weltbild, ein anderes Verständnis des Menschen, eine Philosophie, die auf Realismus und Wissenschaftlichkeit setzt – der Mensch rückt in den Mittelpunkt des Interesses (Humanismus). Neue Erkenntnisse über die Kugelgestalt der Erde und das Sonnensystem sowie die Entdeckung neuer Seewege und Erdteile bringen jahrhundertealte Überzeugungen ins Wanken. Durch den Buchdruck (Gutenberg, um 1450) können alte und neue Texte leicht vervielfältigt und einer Vielzahl von Interessierten zur kritischen Lektüre zugänglich gemacht werden. Das heidnisch-antike Streben nach Schönheit und Lebenslust steht nicht länger unter dem Verdacht der Sünde, sondern wird vielfach zu Lebensziel und -inhalt.

◆ Künstlerpersönlichkeiten

Gefördert von wohlhabenden Mäzenen aus Adel (z. B. Herzöge von Este) Kirche (z. B. Papst Julius II.) und Bürgertum (z. B. die Medici in Florenz) widmen sich Künstler mit großem Eifer dem Naturstudium (z. B. in der Werkstatt von VERROCCHIO in der zweiten Hälfte des 15. Jh.s in Florenz und Venedig) und den wissenschaftlichen Schriften der Antike (z. B. des Römers VITRUV). Einige betreiben dies so intensiv, dass sie nicht nur in der bildenden Kunst, sondern auch in Naturwissenschaften und Technik Kenntnisse und Fertigkeiten erwerben, die sie zu universalen Experten machen. So konstruiert LEONARDO DA VINCI Kriegsmaschinen und Verteidigungsanlagen, und Maler und Bildhauer wie RAFFAEL und MICHELANGELO arbeiten ganz selbstverständlich auch als Architekten und Bauingenieure. Diese zentrale Rolle der Künstler verleiht ihnen großes Ansehen bei Bürgern, Adeligen und Fürsten und begründet ein neues Selbstbewusstsein der Künstler (DÜRER).

◆ Architektur

In der Architektur werden antike Vorbilder studiert, kopiert oder abgewandelt. Die Architekten begeben sich auf die Suche nach der für den Menschen idealen Stadt. Ihre Aufmerksamkeit richtet sich jetzt vermehrt auf (nicht kirchliche) Profanbauten.

BEISPIELE Bürgerpaläste (ALBERTI u. AMMANATI – Florenz, *Palazzo Pitti*, 1458), Villen (PALLADIO – *Villa rotonda*, vor 1560 ▶ S. 119), aber auch öffentliche Bauten wie Waisenhäuser (BRUNELLESCHI – *Ospedale degli Innocenti* 1419–1444 in Florenz), Rathäuser (PALLADIO – Vicenza, *Palazzo della ragione*) und Fürstenpaläste *(Münchener Residenz)*.

◆ Malerei

In den Künstlerwerkstätten werden Studien nach antiken Vorbildern angefertigt (z. B. 1430–1460 in den Werkstätten von SQUARCIONE in Padua). Durch die wachsende Aufmerksamkeit für die Persönlichkeit und die äußere Gestalt des Menschen nimmt die Gattung der Porträtmalerei einen steilen Aufschwung (BELLINI, RAFFAEL, DÜRER, HOLBEIN D. J.). Das Interesse an der Natur und der Wirklichkeit weckt das Bedürfnis, durch Studien und systematische Analysen die Spielregeln der naturgetreuen Darstellung von Körper und Raum zu erschließen, wie das Künstler der Antike bereits vorgemacht hatten: Naturgetreue Proportionierung, einheitliche Raumkonzeption mittels ***Zentralperspektive*** (durch Fluchtpunktkonstruktionen – erstmals MASACCIO, 1425), ***Luftperspektive*** (Trübung und Verblauung des Tiefenraums bei der Landschaftsmalerei, ***Sfumato*** (= atmosphärische Trübung in Innenräumen – DA VINCI) werden jetzt in der Malerei realisiert. Die Schönheit der menschlichen Gestalt (Darstellungen von *Adam und Eva* – CRANACH, DÜRER und *Venus* – BOTTICELLI, TIZIAN, GIORGIONE), von Landschaften und Bauwerken wird herausgearbeitet und ins Bild gesetzt.

1

◆ Plastik

Auch die Bildhauer widmen sich dem Studium des Menschen und seiner Darstellung.

BEISPIELE So erschafft DONATELLO mit seiner Bronzefigur des *David* die erste Akt- und Freiplastik seit der Antike (1430–1435) und hat mit dieser und anderen Figuren einen großen Einfluss auf die Auffassung von Plastizität in der Renaissance. Sein *Reiterstandbild des Kriegshelden Gattamelata* (1447–1453) setzte Maßstäbe in der Denkmalkunst. MICHELANGELO verfolgt mit seinem monumentalen *David* (1501–1504), den Plänen für das *Grabmal Julius' II.* und den *Grabmälern der Medici* darüber hinaus suggestive und dramatische Wirkungen in Proportionen, Körpersprache und Raumdisposition.

Barock

Barock (von portug. barucca im übertragenen Sinne etwa: regelwidrig, sonderbar) bezeichnet einen Kunststil, der sich in Europa ungefähr zwischen 1580 und 1750 entfaltet. Später werden auch andere Stilbildungen mit diesem Begriff gekennzeichnet. Der Barock wird vor allem im Kontrast zur Renaissance definiert (WÖLFFLIN, BURCKHARDT). Im Unterschied zu dieser ist er meist gekennzeichnet durch Bewegung, Dynamik und Theatralik. Er erfährt eine recht unterschiedliche Ausprägung im Zusammenhang von Gegenreformation, Absolutismus und protestantisch-bürgerlicher Stadtkultur.

Der Verfall der feudalistischen Ordnung und die Glaubenskrise, die in der Reformation ihren Ausdruck findet, führen im Verlauf des 16. und 17. Jh.s zu erbitterten Glaubenskriegen (z. B. Hugenottenkriege 1562–1598, Dreißigjähriger Krieg 1618–1648) und zur Herausbildung der neuartigen Herrschaftsform des Absolutismus. Vormals dominierende Kräfte wie die katholische Kirche, der Adel und die meisten Städte verlieren an Einfluss und Macht.

Auf dem Trienter Konzil (1545–1563) werden ideologische Aufgaben der Kunst im Dienste der katholischen Gegenreformation und die Kontrollrechte des Klerus gegenüber Künstlern festgelegt. Kunst soll die Menschen von der Richtigkeit des katholischen Glaubens überzeugen und sie dafür begeistern. Künstler, die sich nicht an diese Vorgaben halten, werden verfolgt (z. B. VERONESE). Speerspitze dieser ideologischen Offensive, die in ganz Europa Wirkung zeigt, ist der Jesuitenorden.

◆ Gegenreformatorische Kunst

Die Kunst der Gegenreformation bedient sich vor allem dynamischer, suggestiver Ausdrucksmittel. Sie ist gekennzeichnet durch Kompositionen in Ovalen oder Diagonalen, verwirrende Streuungen von Figuren und Gegenständen, eine dramatische Farbgebung mit starken Kontrasten und delikaten Farbzusammenstellungen, bühnenmäßig-illusionistischem Bildraum, effektvollen Beleuchtungsakzenten wie Schlag- und Glanzlichtern, Leuchten, Glanz- und Dämmerlicht, Schimmern usw. Die Figurendarstellung zeigt sich gestenreich und mit theatralischem Ausdruck, oft in labiler oder gewundener Körperhaltung: schwebend, wirbelnd, taumelnd, stürzend, eingehüllt in bewegte, faltenreiche, flatternde Stoffe und Wolkenbildungen.

BEISPIELE Jesuitenklöster; Barockkirchen in Süddeutschland, Italien, Spanien und Südamerika als einheitlich konzipierte Gesamtkunstwerke, Gemälde wie Wunder-, Martyrien-, und Heiligendarstellungen von RUBENS, CARRACCI, DOMENICHINO, RENI, LEBRUN, CARAVAGGIO, TIEPOLO. Skulpturen als Komponenten der Altargestaltung z. B. der Gebrüder ASAM, MADERNO und BERNINI.

◆ Barockkunst der Reformation

Im Gegenzug setzen Auftraggeber, die sich von der katholischen Kirche distanzieren wollen, die Künste zur Stärkung der religiösen Überzeugungsarbeit in ihrem Sinne ein (so die Prostestanten Dresdens, *Frauenkirche*) und lassen sich überdies gern Überlieferungen heidnisch-antiker Götterwelten illustrieren. Auch die wohlhabenden deutschen, holländischen und italienischen Handelsstädte, die ihre Unabhängigkeit bewahren können und deren selbstbewusste Bürgerschaften lassen ihre religiösen Überzeugungen durch Kunst repräsentieren.

◆ Absolutismus

Das politische und kulturelle Zentrum des absolutistischen Staates ist der Hof (Vorbild ist vor allem der französische Hof Ludwigs XIV.). Alles ist auf den Herrscher ausgerichtet. Der Hofstaat und alle politischen Positionen sind – anders als noch im Feudalismus – streng hierarchisch gegliedert. Kunst bringt dieses System auf vielfältige Weise zum Ausdruck. Die Architektur der Schlösser gruppiert sich um die Gemächer der Majestät, Porträts stilisieren den Herrscher als übermenschliche Macht und ordnen seine Untertanen je nach ihrem Stellenwert präzise in das Machtsystem ein: Körperhaltung, Kleidung, Frisuren, Accessoires wie Orden und Wappen kennzeichnen den Rang der Dargestellten. Der Hof soll und muss alle in seinen Bann ziehen, deshalb werden hier die schönsten und fantasievollsten Darstellungen spannender, frivoler oder rührender Erzählungen und Überlieferungen zusammengetragen, finden hier die besten musikalischen und schauspielerischen Aufführungen statt. Die Schloss- und Gartenarchitekturen werden auf raffinierteste Weise angelegt, sodass sie eine angemessene Bühne für die Selbstdarstellung des Alleinherrschers und seines Hofstaats bieten.

Die Formensprache der absolutistischen Porträtkunst zielt auf monumentalisierende Herrscherporträts mit suggestiver Körperhaltung und Gestik, gesehen in Untersicht – oft erhaben auf Pferden, Freitreppen oder Balkonen – hervorgehoben durch Beleuchtungseffekte, prunkvolle Ausstattung wie faltenreich wallende Stoffe, Insignien sowie theatralische Raumbühnen.

BEISPIELE *Porträts Ludwigs XIV.* von Rigaud und de Largillière

Demgegenüber wirken die am Hof sehr beliebten Darstellungen der Idylle des Landlebens, des Liebesspiels oder der Mythen und Erzählungen aus fernen antiken und asiatischen Überlieferungen meist harmlos, verspielt, rührselig oder frivol. Dieser Eindruck entsteht durch Zartheit und Blässe der eingesetzten Farben, durch die Maskenhaftigkeit der geschönten Gesichter mit rosigem ***Inkarnat*** (= Hautfarbe) und puppenhafter Mimik, Gestik und Körperhaltung. Tänzeln, Schweben, elegante Wendungen vor märchenhaft lieblichen Landschafts- und Architekturhintergründen wirken künstlich, zeigen eine realitätsferne Fantasiewelt, in die sich der Hofstaat hineindenken sollte.

BEISPIELE Schloss *Versailles* (Architekt: Le Vau und Hardouin-Mansart seit 1661 unter Ludwig XIV. von Frankreich), Schloss *Schönbrunn* in Wien (Architekt: Fischer v. Erlach 1696–1711 unter Leopold I.), weitere Schlossanlagen in Mannheim, Würzburg, Porträts und Figurenkompositionen von Rubens und Velázquez, ideale Landschaften von Lorrain, fotografisch präzise ***Veduten*** (= Stadtlandschaften) von Canaletto und illusionistische Wand- und Deckenmalerei (Tiepolo, Maulpertsch).

◆ Erfahrung von Elend und Tod

Die Glaubenskriege und die Auseinandersetzungen um den Machterwerb absolutistischer Herrscher, eine neue Form der Kriegführung, Seuchen und Hungersnöte führen zu entsetzlichen Zerstörungen. So wird die Hälfte der deutschen Bevölkerung im Dreißigjährigen Krieg getötet, weite Regionen werden verwüstet. Die Erfahrung dieses Leids und der allgegenwärtigen Be-

drohung durch Tod und Vernichtung wird in den Künsten auf vielfältige Weise verarbeitet: durch *Vanitas*-Motive, die auf die Allgegenwart des Todes hinweisen (insbesondere in der Stilllebenmalerei), durch Darstellungen der Gräuel des Krieges (CALLOT, H. U. FRANCK, E. V. D. VELDE, S. VRANCX), aber auch durch Schlachten- und Triumphgemälde.
BEISPIEL VELÁZQUEZ, *Übergabe von Breda*

◆ Bürgerliche Kunst

In holländischen und deutschen Handelsstädten mit protestantischer Prägung kristallisieren sich eigene künstlerische Ausdrucksformen heraus, unabhängig von höfischer Kultur oder Glaubensauseinandersetzungen. Die Künstler arbeiten für städtische Gremien, bürgerliche Korporationen (Zünfte, Gilden, Stiftungen) und für einzelne Bürger. Gefragt sind insbesondere ***Porträt-, Genre-, Stillleben-*** und ***Landschaftsmalereien,*** oft in kleineren Formaten, die sich leicht in den Bürgerhäusern unterbringen lassen.

◆ Bildnisse

Einzelbildnisse sowie großformatige ***Gruppenbildnisse: Gildebilder, Anatomien, Schützenstücke, Familienporträts*** (REMBRANDT, HALS, JORDAENS, MOLENAER, VAN DER HELST).
Im Unterschied zu Herrscherbildnissen liegt der Ausdruck hier nicht so sehr im theatralischen Aufwand, sondern eher in der lebendigen Darstellung der Köpfe der Porträtierten, die in den Stadtrepubliken nicht mit ihrer Kleidung prunken sollten und deshalb in Schwarz, Grau, Weiß gekleidet waren und vor neutralem Hintergrund dargestellt wurden. Entsprechend legen die Künstler Wert auf die sorgfältige Darstellung der Gesichtszüge, des *Inkarnats* (Hautfarbe) und eines lebendigen Ausdrucks.
Bei den Gruppenbildnissen ergibt sich die schwierige Aufgabe, allen Dargestellten gleiche Aufmerksamkeit zu widmen und dabei nicht einfach nur Porträts aneinanderzureihen.
BEISPIEL REMBRANDTS berühmte *Nachtwache* wurde von den Auftraggebern nicht akzeptiert, weil er aus künstlerischen Gründen einige Mitglieder der Schützengilde in den Hintergrund, ein kleines aufgeregtes Mädchen aber ganz nach vorn gerückt hatte.

◆ Stillleben

(vom niederländischen still – unbeweglich / leven – Dasein, Leben) ***Blumen-, Frühstücks-, Bücher-, Markt-, Fisch-, Früchte-, Jagd-, Küchen-, Masken-, Musikinstrumente-, Waffen-*** und ***Vanitas-Stillleben*** sind eigenständige Unterarten der Stilllebenmalerei.

Der Zusammenstellung der dargestellten Gegenstände liegt immer eine ausgefeilte Symbolik zugrunde (christliche Motive, Vanitasmotive u. Ä. m.). Gleichzeitig überrascht die verblüffend naturgetreue Darstellungsweise: Augentäuschung – im Französischen als ***trompe l'œil*** und im Holländischen als ***bedriegertje*** bezeichnet. Vielfach wird die Stilllebenmalerei zum Anlass, wertvolle und schöne Gegenstände wie teure Blumen, Delikatessen, Gläser, Geschirr, Bücher usw. im Bild festzuhalten.
Entscheidend sind die Auswahl, das Arrangement und die Beleuchtung der Gegenstände. Anfangs werden diese Arrangements eher buntfarbig und in schräger Aufsicht dargestellt. Später gilt es als besonders kunstfertig, die Gegenstände in Seitenansicht (also mit vielen komplizierten Überschneidungen) und mit wenig Farbtönen ins Bild zu setzen (monochrome Stillleben).
BEISPIELE CLAESZ, BREUGHEL D. Ä., AELST, FLEGEL, CHARDIN

1

◆ Seestücke und Landschaftsdarstellungen

Für den Stadtbürger sind Landschaften und Seestücke Ausdruck einer Welt der Offenheit und Grenzenlosigkeit, in der die Natur und die Elemente regieren. Damit verbinden sich Vorstellungen von Freiheit und Abenteuer. So finden sich dramatische Erzählbilder (WILLAERTS, BREUGHEL D. Ä.) ebenso wie einfühlsame Naturdarstellungen (VAN GOYEN, VAN RUISDAEL, VAN DER VELDE D. J.).
Neben der richtigen Auswahl des Bildausschnitts (Berücksichtigung der verschiedenen Raumebenen, durch die das Auge geführt werden sollte – Vorder-, Mittel- und Hintergrund – durch Marken wie Bäume, Häuser, Schiffe, Vögel usw.) legen die holländischen Künstler im Verlauf des Barock immer mehr Wert auf eine reduzierte Farbigkeit, um die Einheitlichkeit des Bildraums zu betonen ***(Monochromie)***. Atmosphärische Effekte wie Wolkenbildungen, Wellenbewegungen, Brandung werden durch virtuose Beherrschung des Farbmaterials (Ölfarbe und Malmittel) und des Malgeräts (Pinsel, Tücher, Handballen) realisiert.

◆ Genremalerei

Genremalerei, also die Darstellung alltäglicher Szenen und Ereignisse war sehr beliebt. Fast alle Bereiche des Alltagslebens wurden im Bild festgehalten: Hausarbeit, Musizieren, Lesen, Essen und Trinken, Flirt, Verführung usw. Entsprechend dem Ausschnitt des Alltagslebens, der dargestellt wird, unterscheidet man z. B. zwischen ***bürgerlichem Genre*** (VERMEER, TERBORCH, DE HOOCH, METSU) und ***Bauerngenre*** (BREUGHEL, BROUWER, VAN OSTADE) usw. Oft nutzen die Künstler die Genredarstellungen zur kritischen, ja bissigen Kommentierung des Alltagslebens (z. B. BREUGHEL D. Ä., *Sprichwörter, Der Sturz der Blinden*).

Neben Genredarstellungen unter freiem Himmel, die sich v. a. auch der Mittel der Landschaftsdarstellung bedienen, finden sich viele Interieurs, also Darstellungen von Innenräumen. Hier kommt es den Künstlern besonders auf das geschickte Arrangement in dem begrenzten Raum an: Gruppierung, Hin- und Abwendung sowie Gestik und Mimik der Figuren, Akzentsetzung durch dezente Lichteffekte. Neben Elementen, die auf den ersten Blick ins Auge springen, verbergen sie in ihren Bildern Hinweise und Andeutungen, die erst beim zweiten oder dritten Hinsehen auffallen. Auf diese Weise erzählen sie kleine Anekdoten aus dem Alltagsleben in einer kalkulierten Abfolge (Blickführung).

◆ Rokoko

Die Spätform des Barock löst während des 18. Jh.s in verspielten Formbildungen wie der namensgebenden „Rocaille" (einem schnörkelreichen, muschelförmigen Ornament), niedlichen Menschenfiguren und exotischen Pflanzenranken die Strenge und Dynamik der barocken Formensprache auf. Viele Bildmotive der Rokokomalerei verweisen auf antike Mythologien und auf das idyllische Chinabild der Zeit ***(Chinoiserien)***.

BEISPIELE Herausragende Beispiele sind das *Schloss Sanssouci* Friedrichs des Großen in Potsdam (VON KNOBELSDORFF), *Schloss Amalienburg* in München (CUVILLIÉS) und süddeutsche Rokokokirchen wie die *Wieskirche* (BRÜDER ZIMMERMANN) sowie die Malerei WATTEAUS, BOUCHERS und FRAGONARDS.

1.3 Aufbruch in die Moderne – Avantgarden, Manierismen, Vielfalt

Als moderne Kunst im engeren Sinne werden Stile und Ausdrucksformen seit Anfang des 20. Jh.s bezeichnet, in denen sich ein Bemühen um das Aufspüren neuartiger, „fortschrittlicher“ kunstphilosophischer Positionen, Themen und Ausdrucksmittel zeigt. Avantgarde ist der Überbegriff für die Künstlerinnen und Künstler oder Künstlergemeinschaften, welche die jeweils neueste und „fortschrittlichste“ Entwicklung vorantreiben. Die Wurzeln moderner Kunst reichen allerdings weiter zurück und gründen letztlich in den kulturgeschichtlichen Umbrüchen am Ende des 18. Jh.s:

- der kritischen Erkenntnistheorie der Aufklärung, die in der Philosophie Kants gipfelt,
- der amerikanischen und Französischen Revolution und
- der industriellen Revolution.

1

Klassizismus und Aufklärung

Der Klassizismus als Stilepoche, zwischen 1750 und 1830 v. a. in Europa und Nordamerika (u. a. ***Louis seize, Directoire, Empire*** und ***Biedermeier***), setzt sich durch eine an der Kunst der Antike orientierte, strenge und einfache Formensprache von den verspielten Formen des Spätbarock und Rokoko ab. Unter dem Begriff versteht man teils auch verwandte Stilbildungen anderer Epochen.

Unter dem Motto: Sapere aude! (Habe Mut, dich deines eigenen Verstandes zu bedienen!) entfaltet sich seit dem 18. Jh. in England, Frankreich und Deutschland die Aufklärung und gerät bald in Konflikt mit Absolutismus (Gottesgnadentum und Alleinherrschaft) und theologischem Dogmatismus der Gegenreformation. Barocke Kunstwerke passen nicht zu dieser neuen Geisteshaltung. Kunst und Architektur aus den vergleichsweise aufgeklärten Zeiten der griechischen und römischen Antike werden nun zu Vorbildern einer Kunst der Aufklärung. Damit steht an den Wurzeln der Moderne ein Rückgriff auf die Antike.

◆ Antike als Vorbild

Die Kenntnis antiker Kunstwerke verbreitet sich vor allem durch Bücher und Kunstdrucke. Aufsehen erregende Funde in Pompeji und Herculaneum wecken die Aufmerksamkeit gebildeter Schichten. Ganz im Sinne der Aufklärung katalogisiert und analysiert WINCKELMANN systematisch die vorhandenen Bestände antiker Kunst in italienischen Sammlungen und wird damit zum Begründer der Kunstwissenschaft: Im Unterschied zu früheren Kunstforschern untersucht er nicht lediglich einzelne Künstler, sondern identifiziert übergreifende Merkmale des Stils antiker Kunstwerke und setzt diese in Beziehung zur Philosophie und zum Selbstverständnis der Menschen dieser Epoche, insbesondere der Hellenen des alten Griechenlands. Er entdeckt dabei ästhetische Qualitäten, die er in seiner eigenen Zeit vermisst, und empfiehlt die griechische Kultur als Vorbild. Intellektuelle und Künstler greifen solche Gedanken auf. Im revolutionären Frankreich und den USA dient eher das antike republikanische Rom als Vorbild, in Deutschland und Skandinavien die Kultur der griechischen klassischen Periode. Architekten, Bildhauer, Maler, aber auch Modeschöpfer, Friseure und Goldschmiede bilden Formen der Antike nach oder versuchen sich an kongenialen Neuschöpfungen.

◆ Architektur

Staats-, Kirchen- und Profanbauten nach Vorbildern der Antike (▶ S. 122)

◆ Bildhauerei

Klare Ordnung, einfache Komposition, deutliche Charakterisierung der dargestellten Formen durch genaue Konturen und geglättete ebenmäßige Oberflächen; Idealisierungen und Typisierungen prägen Bildhauerei und Malerei. Porträts und Figurendarstellungen im Stil der Antike; frei stehende Plastiken, Denkmalsskulpturen und Reliefs, auch als Elemente der Architektur (*Arc de Triomphe* 1806–1836).

Die Bildhauer waren fasziniert von der ebenmäßig weißen Marmoroberfläche antiker Skulpturen. Sie wussten nicht, dass diese ursprünglich bunt bemalt waren. Die Makellosigkeit klassizistischer Skulpturen spiegelt gleichermaßen diesen Irrtum wie auch das Streben dieser Kunst der Aufklärung nach Reinheit und Klarheit wider.

BEISPIELE Canova, Schadow, Dannecker, Thorvaldsen.

◆ Malerei

Porträts und andere Menschendarstellungen erscheinen als Sinnbilder des schönen, edlen, heldenmütigen oder tragischen Menschen. Die Modelle sind in Mode und Frisuren mit Stilmerkmalen der Antike ausgestattet, und auch Körper und Gesichter werden im Sinne griechischer Schönheitsideale stilisiert. Da das Bild vom Menschen der Antike v. a. anhand von Skulpturen geformt wurde, wirken die Figurendarstellungen leicht skulptural – ruhend, fest, gebannt, oft wie eingefroren.

BEISPIELE David, Kauffmann, Mengs, Carstens, Prud'hon

Die Landschaftsmalerei bevorzugt idealtypische Landschaftsausschnitte, meist in abendlich mildem oder mediterranem Licht und ruhiger Stimmung; sorgfältige Differenzierung verschiedener Formationen wie der Berge, der

Ebenen, der Gewässer und eingestreuter antiker Architekturbestände und Ruinen, oft auch belebt durch Figurendarstellungen zu Szenen aus antiken Überlieferungen.
BEISPIELE Hackert und Kobell; in Frankreich Moreau

Romantik

Die Epoche (ca. 1790 bis 1840) umfasst verschiedene Kunstströmungen insbesondere der Literatur und der Malerei v. a. in Deutschland, Frankreich, England und den USA. Gemeinsam ist ihnen die Abkehr von Rationalismus und Vernunftdenken.
Nachdem Anfang des 19. Jh.s zunächst die Hoffnung auf universelle Menschenrechte, Mitbestimmung und persönliche Freiheit gescheitert ist und mit der Restauration absolutistische Herrschaftsformen wiedererstehen, wenden sich Bürger, Intellektuelle und Künstler in der Romantik der Innerlichkeit, der Welt der Gefühle und des Naturerlebens zu. Der Begriff hat sich bereits seit Mitte des 18. Jh.s herausgebildet, wird aber nun sorgfältig programmatisch definiert (z. B. Schlegel, *Über schöne Kunst und Literatur* 1802–05). Subjektivität, Spontaneität und Authentizität werden nun als Quellen alles Guten und Erstrebenswerten gefeiert.

◆ Malerei

Sie bedient sich der Formensprache der figurativen Tafelmalerei in verschiedensten, scheinbar widersprüchlichen Ausprägungen. Es lassen sich Ausdrucksmittel der Malerei des Barock (hier: Dramatik, Bewegung, dynamische Komposition in Diagonale, Kreis oder Oval; Farbauftrag und Duktus, welche Spuren des Malens als akzentuierende Pinselzüge sichtbar belassen; Figurendarstellung mit teils bewegter, teils verhaltener Körpersprache: Constable, Géricault, Turner, Delacroix), der Frührenaissance (Klarheit, Strenge; Farbauftrag: z. B. in der Malerei der Nazarener, z. B. Overbeck, Pforr) und des Klassizismus (idealisierte Landschaften: teilweise bei Friedrich, Runge und im Frühwerk Turners) nachweisen.
Künstler wie Friedrich und Turner erweitern das Spektrum künstlerischer Ausdrucksmöglichkeiten durch spannungsgeladene Kompositionen, neuartige Dispositionen (Rückenfiguren Friedrichs, Darstellungen atmosphärischer Bewegung bei Turner) und durch neue Formen der Strukturierung und Aufladung von Farbflächen (Friedrich, *Mönch am Meer*, Turner, *Rain, Storm and Speed*). Andere Künstler tragen durch systematische Untersuchung künstlerischer Ausdrucksmittel dazu bei (Delacroix, Runge).

1

◆ **Themen und Motive**

Konflikt Mensch-Natur: Schiffe in Gefahr, Schiffskatastrophen, Menschen am Abgrund, am Meer, auf Berggipfeln. Menschen erscheinen oft als Rückenfigur, also nicht als betrachtetes Objekt, sondern als betrachtendes Subjekt
Dramatische Landschaftsdarstellungen: Sonnenauf- und -untergänge, Vollmond, Sturm, Vulkanausbrüche
Gefühle: Einsamkeit, Sehnsucht, Fernweh, Trauer
Symbolik: Vanitasmotive, christliche Ikonologie, Symbolwelt des Volkstums, Motive aus der Welt der Märchen und Sagen

Historismus

Historismus bezeichnet in der Kunstwissenschaft das Aufgreifen von Ausdrucksformen und Stilelementen vergangener Epochen. Im Verlauf des 19. Jh.s werden alle nur denkbaren Stile der Vergangenheit reproduziert.
Mit der Industrialisierung kommt es seit Anfang des 19. Jh.s zu dramatischen Umbrüchen in Gesellschaft, Wirtschaft und Kultur. Die damit verbundene Verunsicherung führt zur Rückbesinnung auf alte Werte und Formen. Das tonangebende, aufstrebende, kapitalistische Bürgertum bemüht sich um einen gehobenen Lebensstil und greift dabei auf die altehrwürdigen Bauformen und Bildprogramme des Feudalismus und des Absolutismus zurück. Ganz nach individueller Neigung baut der eine sein Wohnhaus in barockem Stil, der andere sein Fabrikgebäude im Stil einer mittelalterlichen Festung, Stadt- und Kirchenräte lassen sich Rat- und Gotteshäuser im gotischen oder romanischen Stil errichten.
Der Historismus gerät seit Mitte des 19. Jh.s in die Kritik, weil die massenhafte Imitation das Bemühen um die Ausbildung eines eigenständigen Stils der Moderne behindert. Andererseits liegt im künstlerisch-spielerischen Umgang mit historischen Überlieferungen auch eine Distanzierung, die später durch Kombination von Stilelementen verschiedener Epochen im Sinne des ***Eklektizismus*** auf die Spitze getrieben wird: Da werden dann Stilelemente aus verschiedenen Epochen und Kulturkreisen wild gemischt. So können auf Fassaden Architekturelemente verschiedenster Epochen versammelt werden.

BEISPIELE

Malerei: Piloty, Mengs, Ingres, Carstens
Skulptur: Rude
Architektur: ***Neoromanik*** (Kirchen- und Synagogenbau); ***Neogotik*** (Kirchenbau, Fabrik- und Markthallen, Rathäuser) – Schinkel, Viollet-le-duc; Pugin: London, *Houses of Parliament;* ***Neorenaissance*** – von Klenze, Semper (Opern, Theater und andere öffentliche Bauten); ***Neobarock:*** (Öffentliche Bauten)

Realismus und Impressionismus

Realismus bezeichnet eine Geisteshaltung, die sich bemüht, die Wirklichkeit unmittelbar zu vermitteln. Realismus im engeren Sinne bezeichnet eine Bewegung von Schriftstellern (Flaubert, Zola) und Künstlern (COURBET, MANET, DEGAS, MENZEL), die sich seit Mitte des 19. Jh.s entscheiden, romantische Idylle und verklärenden Historismus hinter sich zu lassen und die Erscheinungen ihrer eigenen Lebenswirklichkeit unmittelbar und schonungslos darzustellen.

1

◆ Themen und Motive

Statt Märchen, Mythen oder Heldentaten der Vergangenheit wählen sie Motive aus der Arbeits- und Alltagswelt und aus dem Leben der sozial Deklassierten. Das ist für die Zeitgenossen skandalös und führt zur Ablehnung dieser Kunst auf dem etablierten Kunstmarkt und in den Feuilletons der Zeitungen. Langfristig setzt sich ihre Sichtweise jedoch durch und wirkt später in den Impressionismus, die Neue Sachlichkeit sowie den sozialistischen Realismus hinein und ist noch in Formen aktueller realistischer Kunst spürbar.
Um die Wirklichkeit unmittelbar wiedergeben zu können, schulen sich diese Künstler an der hochentwickelten Formensprache von Barockmalern wie VELÁZQUEZ, REMBRANDT, CARAVAGGIO, HALS und RIBERA. An diesen Künstlern fasziniert sie einerseits die genaue Kenntnis naturalistischer Darstellungsmittel (▶ S. 20) und andererseits die unverkrampft freie und virtuose Pinselführung, in der sich Unmittelbarkeit und Frische ausdrückt.
Im Unterschied zu diesen Barockmalern erkennen die Realisten aber auch in zeichnerischen und malerischen Studien sowie fragmentarischen Bild-Entwürfen bereits eigenständige Kunstwerke. Obwohl solche Werke die dargestellten Motive nicht erscheinungsgetreu wiedergeben, sind sie realistisch, indem sie das Ringen der Künstler mit der Wirklichkeit anschaulich zum Ausdruck bringen.

Impressionismus ist eine Spielart realistischer Malerei, die sich seit ca. 1860 in Frankreich entwickelt und als Neoimpressionismus bis in die Gegenwart hinein praktiziert wird.
Ganz im Sinne des Realismus und angeregt durch MANET ziehen die Impressionisten DEGAS, MONET, RENOIR, MORISOT, denen sich später PISSARRO, SISLEY und BAZILLE anschließen, das unmittelbare Naturstudium und das Studium alter Meister dem traditionellen Akademieunterricht vor. Nach Erfindung des künstlichen Farbstoffs und der Tubenfarbe (seit 1865) können sie nun auch spontan vor Ort, draußen in der Natur malen ***(plein air)***.
Neben Formen der Malerei, die auch im Realismus Anwendung fanden, praktizieren die Künstler eine von COROT bereits zwanzig Jahre zuvor er-

probte Form des Farbauftrags, bei dem die Farbe nicht auf der Palette gemischt wird, sondern fleckhafte oder tupfenförmige Farbspuren, die auf die Leinwand aufgetragen werden, sich erst im Auge des Betrachters mischen. Das enge Nebeneinander der Farbflecke bewirkt im Auge ein leichtes Flimmern, eine gewisse Erregung, welches die Wirkung des unruhigen Lichts unter freiem Himmel nachbildet. Entsprechend geht es den Impressionisten weniger um konturgenaue kleinteilige Wiedergabe ihrer Bildmotive als um die frische, natürliche und authentische Gesamtwirkung. Das Schimpfwort „Impressionisten", das ihnen der Kunstkritiker LEROY 1872 nachwirft, machen sie zum Programm: Sie nehmen sich vor, die Lebendigkeit und Frische des unmittelbaren Eindrucks (frz. impression) einzufangen.
Kunstkritik und öffentliche Meinung lehnen diese Kunst zunächst als Schmiererei ab. Das an die historistisch-akademische Malerei der Salonkunst gewöhnte Publikum empfindet die neue Formensprache als Provokation. Erst am Ende des 19. Jh.s entwickelt sich unter dem Einfluss Zolas und CAILLEBOTTES in der Fachöffentlichkeit ein Verständnis für die Bedeutung des Impressionismus.
Selbstverständnis der Künstler: In der selbstbewussten Haltung der Realisten und Impressionisten spiegelt sich ein Wandel im Selbstverständnis des Künstlers. Er ist nicht länger auf akademische Weihen angewiesen, arbeitet im eigenen Auftrag ***(l'art pour l'art)*** und verteidigt seine künstlerische Freiheit gegen gesellschaftliche Konventionen.

◆ Genres

Landschaft, auch Vedute, Porträt, Gruppenbilder, Genreszenen jeweils aus der Lebenswelt der Impressionisten

Expressionismus

Expressionismus ist im weiteren Sinne eine künstlerische Haltung, die zugunsten subjektiven und irrationalen Ausdrucks auf vernunftbezogene und um Objektivierung bemühte Gestaltungsformen wie z. B. naturgetreues Darstellen im Sinne des Naturalismus (▶ S. 20) verzichtet. Im engeren Sinne handelt es sich um eine künstlerische Strömung, die in Europa zwischen 1905 und 1925 ihren Höhepunkt erreichte und im weiteren Verlauf der Kunstgeschichte die Kunstszene immer wieder inspirierte ***(abstrakter Expressionismus, Actionpainting, art informel, Tachismus, Junge Wilde)***. Die Wurzeln liegen in den 80er-Jahren des 19. Jh.s, insbesondere im Schaffen VAN GOGHS, GAUGUINS, CÉZANNES, MUNCHS und ENSORS.
Neue Erkenntnisse der Psychologie (Wirksamkeit des Unbewussten), aktuelle Positionen der Philosophie (Nietzsche), ein gewisser Überdruss an der überkommenen Kultur des 19. Jh.s (Spengler) führen um die Jahrhundert-

wende zu den verschiedensten Reform- und Protestbewegungen, welche dem subjektiven Anteil des menschlichen Wesens in Kunst und Kultur (Spontaneität, Authentizität) mehr Raum verschaffen wollen. In dieser Situation schließen sich verschiedene, oft sehr junge Künstler zusammen ***(Die Brücke, Der Blaue Reiter)***, die meist nicht an Kunsthochschulen ausgebildet worden sind, sondern als Autodidakten arbeiten.

Die Kunst der Expressionisten setzt darauf, dass der Betrachter in den Werken künstlerische Gesten (Pinselspuren, Spuren des Modellierens), rauschhafte Zustände (dramatische Farbkontraste und Farbspuren) und zugespitzte Wahrnehmungen (maskenhafte Gesichter, kulissenhafte Landschaften, dramatische Materialeffekte) erkennt. Um dieses Ziel zu erreichen, setzen die Künstler deutliche Kontraste ein: in Formen, Proportionen, Farben, Bewegungstendenzen. Spuren der Materialbearbeitung (Farbe, Ton, Stein) werden genutzt, um die Unmittelbarkeit des künstlerischen Ausdrucks anschaulich zu machen.

Die Expressionisten wenden sich bewusst gegen den Zeitgeschmack. Sie finden sich in Gruppen Gleichgesinnter zusammen und halten sich vom offiziellen Kunstbetrieb fern. Aber gerade diese Haltung macht sie zur Avantgarde unter gleichaltrigen, ähnlich empfindenden Intellektuellen, die Zug um Zug eine autonome Szene begründen. Erstmals kommen hier auch systematisch weibliche Kunstschaffende ins Spiel.

Bereits seit den 80er-Jahren des 19. Jh.s bilden sich z. B. in Paris, Berlin (u. a. BECKMANN, BARLACH, KOLLWITZ), Wien, München (VON STUCK, VON UHDE, SLEVOGT, CORINTH, BEHRENS) sog. ***Sezessionen***, d. h. unabhängige Künstlergruppen oder Kreise Gleichgesinnter, die sich vom etablierten Kunstbetrieb absetzen wollen:

Fauves 1905–1909 in Frankreich – MATISSE, BRAQUE, CAMOIN, DERAIN, DUFY, DE VLAMINCK u. a.;

Futuristen seit 1909 in Italien – BOCCIONI, CARRÁ, RUSSOLO, BALLA, SEVERINI;

Die Brücke 1905–1913 in Deutschland – KIRCHNER, HECKEL, SCHMIDT-ROTTLUFF, MUELLER, PECHSTEIN, NOLDE;

Der Blaue Reiter 1912–1915 in Deutschland – CAMPENDONK, MARC, KANDINSKY, DELAUNAY, EPSTEIN, MACKE, MÜNTER, NIESTLÉ, KUBIN, KLEE, NOLDE, TAPPERT, MORGNER, VON WEREFKIN, MELZER, VON JAWLENSKY;

Kubisten seit 1907 in Frankreich – PICASSO, BRAQUE, GRIS, LÉGER.

Der Expressionismus wird von vielen Zeitgenossen harter, z. T. vernichtender Kritik unterzogen. Sie verstehen die schrille, respektlose, plakative Formensprache und Themenwahl als In-Frage-Stellung der bestehenden Werte und Ordnungen. Aus Kritik wird unter der NS-Herrschaft Verfolgung und Unterdrückung. Expressionistische Kunst gilt als „entartet", krank und schädlich. Viele deutsche Expressionisten gehen deshalb in den Untergrund, die innere Emigration oder fliehen ins Ausland.

◆ Genres und Motive

Porträt, insbesondere auch ***Selbstporträt*** und ***Gruppenbilder*** oft in stark überzeichneter Form, mit bis ins Groteske gewandelten Formen. ***Landschaft*** als heroische Landschaft oder als Schauplatz des Konflikts zwischen Natur und Zivilisation bzw. Technik. ***Genreszenen,*** häufig mit überraschenden Motiven aus exotischen Lebenswelten wie der Welt des Theaters, des Kabaretts oder des Zirkus sowie ferner Welten wie des Orients.

Kubismus, Suprematismus, Konstruktivismus

Von frz. cubes, gemeint als geometrische Grundformen, die sich hinter der Erscheinung beobachteter Gegenstände verbergen. Obwohl der Kubismus in seiner Zeit zum Expressionismus gezählt wird, unterscheidet er sich doch grundsätzlich von der Hauptströmung expressionistischer Kunst.
Der Kubismus wird von PICASSO und BRAQUE begründet, und man unterscheidet zwei Formen.

◆ Analytischer Kubismus

Durch Analyse der äußeren Form und der inneren Struktur von Gegenständen soll deren Wesen erfasst und dann auf der Bildfläche rekonstruiert werden. Teilbeobachtungen werden auf überraschende Weise zusammengefügt und sollen Eigenschaften von Gegenständen verdeutlichen, die ihr normales Erscheinungsbild nicht offenbart. So komponiert PICASSO ***Porträts,*** in denen gleichzeitig verschiedene Ansichten der dargestellten Person zu einer einheitlichen Gestalt synthetisiert werden. BRAQUE gestaltet ***Stillleben,*** auf denen Musikinstrumente kubistisch rekonstruiert werden, wobei er ebenfalls verschiedene Ansichten und Merkmale zusammenbringt. DELAUNAY und befreundete Künstler entwickeln aus dem Ansatz des analytischen Kubismus den ***Orphismus,*** der sich vor allem der prismatischen Zerlegung beobachteter Farberscheinungen und der Rekombination in kontraststarken Farbkompositionen widmet.

◆ Synthetischer Kubismus

Später gingen PICASSO und BRAQUE dazu über, aus kubischen Fragmenten und aufgefundenen Materialresten und Objekten kubistische Gestalten synthetisch neu zu schöpfen.

Formfragmente (cubes) beobachteter Gegenstände werden mittels Malerei, Grafik oder Formen der Plastik und Skulptur so kombiniert, dass gewisse Formzüge der dargestellten Objekte dem Betrachter deutlich präsent sind, die einzelnen Formfragmente aber darüber hinaus weitere Qualitäten dieser Gegenstände deutlich werden lassen, die sich sonst in einer einzigen Ansicht nicht verknüpfen lassen. So zeigt PICASSO in einer Porträtdarstellung gleichzeitig ein Profil, eine Seiten- und eine Frontalansicht, verschränkt alle drei Darstellungsarten zu einer Gesamtform in der Umrissgestalt eines Frauenkopfes und veranschaulicht so sonst verborgene Strukturen.
Der Kubismus spürt eine Formenwelt hinter den Erscheinungen auf und bildet eine ganz neue Formensprache heraus.

Der ***Suprematismus*** verfolgt diesen Gedanken weiter: Die Welt der reinen Formen (z. B. der cubes) verträgt sich letztlich nicht mit der wirren Formenflut der natürlichen Erscheinungswelt. Deshalb sucht MALEWITSCH die Reinheit vollkommener Formen in Kompositionen einfacher geometrischer Elemente. Wie in der Musik soll sich die Ästhetik dieser Formensprache ohne störende Anklänge an Vor- oder Abbilder entfalten. MALEWITSCH bahnt damit einer Auffassung den Weg, die Künstler bis in die Gegenwart hinein nicht in Ruhe lässt – dem Konstruktivismus.

Konstruktivismus kennzeichnet ein Denken, das seine Strukturen aus sich selbst heraus entwickelt. Konstruktivistisches Nachdenken gewinnt sein Weltbild nicht aus der Beobachtung und Analyse der äußeren Erscheinungen der sichtbaren und greifbaren Welt, sondern konstruiert sich seine Wirklichkeiten selbst. Es bedient sich dazu elementarer Grundbegriffe und Spielregeln des Denkens: in der bildenden Kunst der Sprache der Formen. Entsprechend suchen Konstruktivisten Grundbegriffe und Spielregeln der Formensprache zu identifizieren und zu verstehen (MALEWITSCH, EL LISSITZKY, MOHOLY-NAGY, MONDRIAN, V. DOESBURG, – DE STIJL, SCHWITTERS, BAUMEISTER). So experimentieren MONDRIAN und MOHOLY-NAGY ähnlich wie MALEWITSCH mit ganz einfachen geometrischen Grundformen. Der künstlerische Reiz liegt dabei in der asketischen Reinheit des spannungsreichen Wechselspiels dieser Elemente, in der Variation ihrer Lage auf der Bildfläche, ihrer Staffelung, ihrer Proportionierung und Farbigkeit. Künstler wie SCHWITTERS, EL LISSITZKY, HEARTFIELD und andere experimentierten demgegenüber mit verschiedenen Formen der Material- und Fotocollage. In der ***Collage,*** d. h. der Rekombination von Formelementen wie Fotoausschnitten oder Materialresten, zeigt sich die Emanzipation des konstruktivistischen Denkens von traditionellen Bildmotiven oder konventionellen Techniken

– durch Auseinanderschneiden, Zusammenkleben und Montieren – ganz handgreiflich und augenfällig.

Bauhaus und Konstruktivismus

Das Bauhaus und seine Lehrer (wie MOHOLY-NAGY, SCHLEMMER, KANDINSKY, KLEE) versuchen mit ihrer Formenlehre und ihren Entwicklungswerkstätten erstmals eine systematische Analyse der Grundbegriffe und Spielregeln der Sprache der Bilder und und Formen. Sie bemühen sich um die Etablierung einer universalen Formensprache. Nach dem Zweiten Weltkrieg setzen andere Hochschulen (z. B. Stuttgart, Kassel, Berlin, Halle) dies fort, was zuletzt die Erforschung eigener kunstwissenschaftlicher Forschungsfelder inspiriert und die Bildwissenschaften befördert.
Künstlerischen Einfluss hat der Konstruktivismus auch auf den ***Funktionalismus***, auf ***Konkrete Kunst, Kinetik*** (Künstlergruppen: NUL, E. A. T.), ***Objektkunst, Minimal Art*** und ***Op-Art.*** Die künstlerisch-konstruktivistische Vision einer Welt im Kopf wird im 21. Jh. durch Experimente mit der virtuellen Welt digitaler Bildräume weiterverfolgt.

Abstraktion oder nicht-figurative Kunst?

Der Begriff ***Abstraktion*** wird nicht immer ganz überzeugend verwendet. An sich bedeutet er das Vermögen des Menschen, aus der Fülle der Wahrnehmungen wesentliche Regeln und Gesetze ableiten und übergeordnete Begriffe bilden zu können. In der bildenden Kunst bedeutet Abstraktion entsprechend die Ableitung anschaulicher und ästhetisch einleuchtender Gestaltungen und Formungen aus einer Fülle von Wahrnehmungen und Beobachtungen. So ist ein gutes Porträt immer abstrakt, indem es Teilwahrnehmungen und Beobachtungen des Künstlers auf die signifikanten und treffenden Formzüge reduziert, die das Wesen der porträtierten Person anschaulich zum Ausdruck bringen.
Nicht ganz überzeugend ist so gesehen die übliche Verwendung des Begriffes „abstrakt“ als Bezeichnung ***nicht-figurativer Kunst.*** Damit ist eine künstlerische Auffassung gemeint, die sich seit Anfang des 20. Jh.s etablierte (KANDINSKY, MALEWITSCH) und die ganz bewusst auf das Formrepertoire realistischer und naturalistischer Darstellung verzichtet. Stattdessen entfalten die Künstler eine Welt von Formen und Kompositionen aus geometrischen Formen, Farbspuren, Farbnebeln, Texturen oder Materialmontagen in unüberschaubarer Vielfalt und großem Ideenreichtum. Damit wollen sie sich endgültig von den Fesseln historistischer und eklektizistischer Stildiktate der etablierten Salonkunst (Neoklassizismus, Neoimpressionismus, Neoromantik usw.) des 19. Jh.s befreien. Ihren Schritt verstehen sie als Befreiung ihres künstlerischen Ausdruckswillens von den Vorgaben und Vorschriften natur-

getreuer Darstellung von Gegenständen, Tiefenraum und Erscheinungsfarbe. Ihre Kunst soll – ähnlich wie die Musik – nur durch Farbtöne und Formen, durch Rhythmus, Klang und Dynamik wirken.

Nach den beiden Weltkriegen entfaltet sich die nicht-figurative Kunst in sehr vielfältiger Weise. Neben den entscheidenden Impulsen des Konstruktivismus entstehen Formen eines subjektiv geprägten, nicht-figurativen Expressionismus *(abstrakter Expressionismus, Actionpainting, Tachismus)*. Gegen Ende der 60er-Jahre führt der Gedanke einer immer konsequenteren Reduktion des Formrepertoires die Vertreter dieser Richtung letztlich zur scheinbar leeren Leinwand (documenta 6), zur Zerstörung der leeren Leinwand (FONTANA) und schließlich zum Verzicht auf die Leinwand und zum Verzicht auf Kunstwerke als materiellen Gegenständen überhaupt.

Dada und Surrealismus

In der ***Dada-Bewegung*** in Zürich, Paris, New York und Berlin seit Ende des Ersten Weltkrieges bündelt sich der Überdruss der Avantgardekünstler gegenüber dem etablierten Kunstbetrieb und dem verbohrten Spießertum. Die Künstler dieser Bewegung (SCHWITTERS, ARP, ERNST, MAN RAY, DUCHAMP, PICABIA) experimentieren mit allen Formen künstlerischen Ausdrucks. Immer geht es darum zu provozieren, sich lustig zu machen, zu überraschen. Insoweit bedient sich Dada der seit dem Mittelalter überlieferten Formen des Narrenspiels, des Streichs, der Gaukelei und der Farce. Neu ist der Anspruch, durch ihre Aktionen Kunst zu etablieren, der sich letztlich durch die nachhaltige Erschütterung überkommener Wertvorstellungen und Qualitätsbegriffe des Kunstpublikums legitimiert. An diesen Anspruch und diese Haltung knüpfen nach dem Zweiten Weltkrieg verschiedene Künstlerinitiativen und Kunstaktivitäten an, insbesondere ***Fluxus***, ***Aktionskunst*** und ***Happening*** (▶ S. 65 f.).
Surrealismus – seit 1922/23 setzte sich die Gruppierung der Surrealisten durch programmatische Texte der Literaten Breton, Éluard, Aragon Zug um Zug von der Dada-Bewegung ab. Inspiration zogen die Surrealisten u. a. aus der ***pittura metafisica*** DE CHIRICOS und PICASSOS mit ihren kulissenartigen, von befremdlichen Figuren bevölkerten Traumwelten. Ganz im Unterschied zu den Konstruktivisten setzten die Surrealisten nicht auf Konstruktion, sondern auf Inspiration, Wirksamkeit des Unbewussten und das automatische Niederschreiben des Geträumten oder Halluzinierten ***(écriture automatique)***. Die Surrealisten vertieften den Gedanken einer Ablehnung alles Überkommenen und wendeten sich mit Sarkasmus und Ironie gegen das herrschende gesellschaftliche und kulturelle System und dessen Mythen, insbesondere gegen die etablierten Institutionen Familie, Schule, Kirche. Im

Manifest des Surrealismus (1924) charakterisierte Breton die Prinzipien ihrer Lebensphilosophie und Kunstproduktion. Die Surrealisten forderten die Aufhebung aller Antinomien, wie z. B. den Unterschied zwischen Objektivität und Subjektivität, Realität und Traum, Vernunft und Wahnsinn usw. Zu diesem Zweck setzten sie auf konsequente Bewusstseinsveränderung, Wahrnehmungserweiterung und auf die Wirksamkeit des Unbewussten. Ihre eigenen Theorien und Werke verstanden sie nicht als endgültig, sondern als Zwischenergebnisse unablässigen Experimentierens.
Die Surrealisten setzten ganz auf die Erforschung und Erkundung ihrer eigenen Subjektivität. Entsprechend sind sie ausgesprochene Individualisten, bis hin zu Exzentrik und Verschrobenheit.
BEISPIELE Dalí, Ernst, Magritte, Arp, Giacometti, Man Ray, Duchamp, Picabia, Calder, Tanguy, Delvaux, Oppenheim

◆ Genres, Motive
Traumbilder, Halluzinationen, verwirrende Kombinationen von Gegenständen, Figuren und Räumen. Monströse, paradoxe, obszöne und Ekel erregende Zusammenstellungen, Irritation und Provokation; Vexierbilder; Integration von Elementen der Landschafts-, Porträt- und Stilllebendarstellung, in Malerei, Fotografie, Film und Skulptur; objets trouvés (aufgefundene Gegenstände wie Fahrkarten, Drahtstücke, Textilreste)

◆ Malerei
Gerade durch sorgfältige Anwendung der Spielregeln naturalistischer Darstellungsweise (Dalí, Magritte, Ernst) springen die Verfremdungen, Überraschungen und Brüche der Traumbilder und Halluzinationsdarstellungen deutlich ins Auge. Im Einzelnen werden Proportionen, Raumkonstellationen und Texturen verfremdet.
Nutzung der Ausdrucksmittel realistischer und naturalistischer Malerei, Grafik und plastischer Kunst, angereichert und konterkariert durch zufällige Formbildungen der ***Frottage, Grattage*** und ***Decalcomanie*** (Abklatsch- und Durchreibeverfahren), ***Collagen*** und ***Materialcollagen*** sowie ***Objektkunst.*** Gegenstände und Figuren werden auf vielfältige Weise verfremdet monumentalisiert, in (Traum-)Landschaften versetzt oder miniaturisiert und in Stilllebensituationen projiziert.

Figurativer Realismus vor dem Zweiten Weltkrieg

Neue Sachlichkeit (auch *Neorealismus*) bezeichnet eine künstlerische Richtung in Deutschland, die sich seit den 20er-Jahren sehr nüchtern der Welt der Gegenstände, also der äußeren Welt zuwendet (Kanoldt, Hofer, Nägele, Schrimpf, Dischinger, Räderscheidt, Schad, Dörries). Sie

knüpft dabei an Tendenzen eines sachlichen Realismus der Vorkriegszeit (MENZEL, LEIBL, THOMA) an. Sorgfältiges Naturstudium und realistisch-figurative, ja naturalistische Darstellungsweisen (▸ S. 20) prägen die Bildwelt der Neuen Sachlichkeit. Vorherrschendes Merkmal ist der Eindruck von Ruhe, ja meditativer Schau. Gegenstände werden so eindringlich dargestellt, als seien sie belebt und aus sich heraus wirkungsmächtig. So wundert es nicht, dass gewisse Tendenzen dieser Kunstrichtung auch als ***magischer Realismus*** bezeichnet werden. Eine Gruppe sozialrevolutionärer Künstler aus Hannover nutzt die Stilmittel der Neuen Sachlichkeit zur Darstellung politischer Motive (Arbeiteraufmärsche, soziale Missstände) im Sinne eines ***sozialistischen Realismus*** (JÜRGENS, OVERBECK-SCHENK, THOMS, WEGNER).
Eine andere Spielart der Neuen Sachlichkeit ist der ***Verismus***. Hier wird die reale Erscheinungswelt bissig, sarkastisch und ironisch dargestellt, Figuren und Gegenstände werden ins grelle Licht gerückt und dramatisch in Szene gesetzt.
BEISPIELE DIX, *Großstadt-Triptychon;* GROSZ, *Die Stützen der Gesellschaft*

◆ Genres und Motive
Stillleben: Arrangements aus dem Alltagsleben, Pflanzen, Gefäße, Kleidungsstücke, Werkzeuge, Maschinen
Stadtlandschaften: Gebäude, Fensterausschnitte, Hinterhöfe, Industrielandschaften
Verismus: Schrille Genreszenen in Bar, Kabarett, Bordell, Kneipe; Darstellungen des Krieges; bissige und schrille Porträts; erotische und pornografische Darstellungen

◆ Formensprache
Ausdrucksmittel ist häufig die naturalistische Darstellung bis hin zu altmeisterlicher Könnerschaft. Vereinfachung der Formen auf das Charakteristische, ein strenger Bildaufbau und gedämpfte Farbigkeit betonen die distanzierte Haltung der Künstler.
Verismus: Karikaturartige Überzeichnung und Überspitzung der dargestellten Figuren, grelle Farbkontraste, exaltierte Körpersprache, extravagante Kleidung

Kunst im Dienst der Propaganda
Mit der Machtergreifung Hitlers, der sich anschließenden systematischen Ausgrenzung bis hin zur Vernichtung unliebsamer Kunst und der Einrichtung einer Reichskulturkammer wird im Dritten Reich eine Kunst gefördert, die auf monumentale Darstellung „arischer" Helden, kriegerischer Kameraden, „rassisch reiner" und „erbgesunder" Männer, Frauen und Kinder setzt. Die Skulptur als Kunstform, die im öffentlichen Raum präsent ist, hat dabei

einen besonderen Stellenwert. Aber auch Malerei und Grafik sind in Ausstellungen und öffentlichen Bauten allgegenwärtig.
Der ***Stalinismus*** fördert ebenfalls monumentale heroische Darstellungen und propagiert sein Menschenbild des revolutionären Arbeiterstaates durch entsprechende Skulpturen, Wandmalereien und andere Darstellungsformen.

◆ Formensprache

Die Skulptur bedient sich der Formensprache eines vom ***Neoklassizismus*** geprägten Realismus mit bis ins Kitschige reichenden Formen der Idealisierung. Die Skulpturen werden teilweise in gigantischer Monumentalität realisiert. Der ideologische Dogmatismus der Zeit spiegelt sich in einer verkrampften und überspannten Körpersprache der Figuren und einer maskenhaften Mimik der Gesichter.
Malerei und Grafik stützen sich auf die Formensprache der ***Spätromantik*** sowie verschiedener Spielarten des ***Neohistorismus*** und bedienen sich naturalistischer Darstellungsmittel, die z. T. dem Formvokabular der ***Neuen Sachlichkeit*** entlehnt werden.

◆ Genres und Motive

Idealfigur, Porträt, Gruppendarstellung und Massenszene, Genre- und Kriegsdarstellung sind typische Genres totalitärer Kunst.
Malerei und Skulptur transportieren ideologische Dogmen wie das Menschenbild des ***Stalinismus*** bzw. des ***Nazismus*** oder seiner Protagonisten – so in den Porträtdarstellungen Hitlers und Stalins, den Darstellungen von Helden der Arbeit auf dem Lande und in der Fabrik, Helden des Krieges (THORAK, BREKER) und Heldinnen der Mutterschaft und der Familie.
Künstler werden unter diesen Verhältnissen zu Illustratoren der dogmatischen Überzeugungen der Diktaturen, in deren Auftrag sie tätig werden. Abweichler werden ausgeschaltet. Das schließt nicht aus, dass einige Künstler ihre Handschrift in die Gestaltung einfließen lassen oder auch insgeheim ihre eigene Kunst produzieren – immerhin spielte sich die künstlerische Sozialisation der NS-Künstler weitgehend in der Zeit vor 1933 ab. So wundert es auch nicht, dass nach dem Kriege dem Werk so exponierter NS-Künstlerinnen und Künstler wie BREKER (Skulpturen), PEINER (Monumentalmalerei) oder RIEFENSTAHL (Film) Könnenschaft und ästhetische Qualität nicht gänzlich abgesprochen wurde.

Kunstschaffen nach dem Zweiten Weltkrieg

Nach der Tragödie des Krieges und der Ächtung des Totalitarismus in seinen verschiedenen Spielarten im Westen (Stalinismus, Faschismus) spaltet sich die Welt unter den Vorzeichen des Kalten Krieges in die stalinistisch dominierten Einflussbereiche des Ostblocks und des „freien Westens“. Während im Ostblock ***sozialistischer Realismus*** als strenge Staatskunst propagiert wird, bildet sich im Westen (z. T. mit Hilfe massiver staatlicher Förderung , z. B. einer Sonderabteilung der CIA) eine Kunstszene und ein Kunstmarkt heraus, in dem die ***Internationale Moderne*** alsbald eine Vormachtstellung erringt (documenta II und III): Formen nicht-figurativer Malerei und Plastik gelten nun als Verkörperung des liberalen, nicht-autoritären, dem Fortschritt zugewandten Lebensgefühls im demokratisch und rechtsstaatlich geprägten Westen.

Das hat paradoxerweise zur Folge, dass insbesondere deutsche Künstler, die in den 50er- und 60er-Jahren an die Traditionen der figurativen Malerei der Zeit vor 1933 anknüpfen wollen ***(Neue Sachlichkeit, Verismus, Expressionismus)***, in Presse und Kunstszene in den Verdacht geraten, alten Zeiten nachzutrauern, nicht fortschrittlich zu sein, dem sozialistischen Realismus oder gar dem Pseudorealismus der NS-Kunst anzuhängen. Umgekehrt werden im Ostblock Künstler, die nicht-figurative Kunst praktizieren wollen, spätbürgerlicher Beliebigkeit und ideologischer Indifferenz verdächtigt („Formalismus oder Realismus?“-Debatte nach 1945).

In Anknüpfung an entsprechende Schulen und Traditionen der Vorkriegszeit ***(Bauhaus, Konstruktivismus)*** entwickeln sich in der westlichen Kunstszene in schneller Folge verschiedene Spielarten nicht-figurativer (abstrakter) Kunst.

Seit Ende der 40er-Jahre loten ***Informel*** und ***Tachismus*** (frz. la tache = der Fleck) Möglichkeiten aus, mittels Farbspuren unterschiedlich choreographierte Ausdrucksbewegungen von Künstlern festzuhalten und den Malakt impulsiv zu vollziehen. So sollen sich lyrisch geprägte, der Musik verwandte Farb- und Forminszenierungen entfalten, Reize des Materials und der Texturen ausgekostet und dargeboten werden.

BEISPIELE MATHIEU, HARTUNG, FAUTRIER, RIOPELLE, WOLS, DUBUFFET, POLIAKOFF, TÀPIES, SAURA, MILLARES, HOEHME, GÖTZ, SONDERBORG, SCHULTZE, SCHUMACHER, THIELER, DAHMEN, VEDOVA

◆ Formensprache

Pinselhiebe, gewischte, getupfte oder abgeklatschte Flecke, Spritzer und Verlaufsspuren machen Bewegungen nachvollziehbar und miterlebbar. Sie halten die Bewegungen und den steuernden Einfluss von Hand und Körper des Künstlers fest. Deshalb ist es wichtig, den besonderen Charakter einer schnell gewischten Pinselspur oder eines langsam zerfließenden Farbflecks deutlich herauszuarbeiten. Dies geschieht, indem die verschiedenen Spuren durch kontrastierende Farben voneinander abgehoben und durch die Position auf der Malfläche sowie durch ihre Ausrichtung individuell betont werden. *Ac-*

tionpainting bzw. ***abstrakter Expressionismus*** entstehen Anfang der 50er-Jahre in den USA. Auch hier steht die Inszenierung von Farbspuren im Zentrum. Im Unterschied zu ***Informel*** und ***Tachismus*** geht es hier aber um die ungezügelte, spontane Aktion des Aufspritzens und Auftropfens der Farbe (Dripping) in verwirrender Streuung und flimmernder Vielfalt, eine Vorgehensweise, die u. a. durch den Gedanken der ***écriture automatique*** des ***Surrealismus*** angeregt wurde. Die Bildfläche dient nicht der Darbietung vom Künstler arrangierter Formen, sondern wird zum Schauplatz einer Aktion. Die großflächigen Arbeiten ziehen den Betrachter ganz in den Bann, verwickeln ihn in das Geschehen, lassen ihn das turbulente Farbgeschehen nachempfinden und miterleben.

BEISPIELE POLLOCK, DE KOONING, TOBEY, MOTHERWELL, KLINE, REINHARDT, FRANCIS u. a.

Aus dem Ansatz des Actionpainting leiten NEWMAN und ROTHKO ihr ***Colour-Field-Painting*** ab, eine großflächige Farbfeldmalerei, bei der es aber nicht um die flirrende Vielfalt von Farbspritzern oder den spontanen Gestus farbiger Spuren, sondern um das Ruhen, das Schweben und den Klang weich konturierter Farbflächen geht. Die Künstler der Gruppe ***Zero*** verfolgen diesen Gedanken weiter, indem sie die unmittelbare Wirksamkeit zur Schau gestellter Farbflächen oder Texturen wie Nagelfelder, Glasstrukturen, Rauch- und Farbspuren herausarbeiten.

Signal-Malerei, ***Neue Ornamentik*** und ***Op-Art*** erkunden das Feld scharf konturierter Formen und einfacher Ordnungsmuster wie Symmetrien sowie überraschender optischer Effekte (Vexierbilder, Flimmern, Interferenzen), die sich aus der grafischen Übersetzung teils technisch exakter Rasterstrukturen oder einfacher ornamentaler Formbildungen ergeben.

BEISPIELE NOLAND, STELLA, RILEY, HUNDERTWASSER, VASARELY

Neorealismus und figurative Kunst nach '45

Während im Ostblock nach 1945 in verschiedenen Spielarten des sozialistischen Realismus figurative Kunst kultiviert wird, verliert sie im Westen an Boden. Obwohl beispielsweise auch in der Bundesrepublik viele Künstler der ***Neuen Sachlichkeit,*** des ***Verismus*** und des ***Expressionismus*** in den 40er- und 50er-Jahren an Inhalte und Formensprache des Realismus der Vorkriegszeit anknüpfen und jüngere Künstler neuartige Ansätze für figurativen Ausdruck finden (z. B. ***Junge Realisten***, Düsseldorf, 1956: WIRTH, BECERRA, CREMERS, HÄFNER, KÖHLER), können sie sich in der Öffentlichkeit und am Kunstmarkt nicht dauerhaft durchsetzen. Abstrakte – nicht-figurative – Kunst gilt als authentischer Ausdruck der liberalen Kultur des freien Westens, figurative Kunst gilt als altmodisch und ideologisch verdächtig. Darin liegt eine gewisse Tragik, da eine Reihe dieser Künstler in der NS-Zeit als „entartete“ Künstler verfolgt worden und ihre Kunstwerke vielfach zerstört waren. Nun fanden sie sich zwischen den Fronten des Kalten Krieges wieder, ignoriert oder verkannt (HOFER, PANKOK, DIX, SCHAD, RÄDERSCHEIDT).

Sozialistischer Realismus

Unter den Vorzeichen des Stalinismus wurde seit 1945 im gesamten Ostblock Sozialistischer Realismus zur einzig richtigen und sinnvollen Kunstform im Dienste des Klassenkampfes erklärt. Figurative Kunst sollte Arbeitern und Bauern in anschaulicher Weise die Vorstellungswelt des historischen Materialismus und die erstrebenswerte Utopie des Sozialismus vermitteln. Hierzu bedienten sich die Künstler der unterschiedlichsten Ausdrucksmittel figurativer Kunst zwischen ***Renaissance, Barock, Klassizismus, Realismus, Expressionismus*** bis hin zu Elementen des ***Surrealismus.***

1

◆ Genres, Themen und Motive

Gruppenbilder, Historienbilder, Genreszenen und Bildnisse schöpfen ihre Motive aus verschiedenen historischen Situationen, aus der Welt der Arbeit und dem Klassenkampf. Auch Verbrechen des Faschismus, Kriegsverbrechen, Anklage des Kapitalismus und des US-Imperialismus werden zum Thema.

◆ Malerei

In Deutschland zeigt sich das vielfältige Panorama in der Kunst der vier Hauptvertreter der DDR-Kunstszene. TÜBKE versenkt sich ganz in die Motiv- und Formenwelt der ***Spätgotik*** und der ***Renaissance,*** die für ihn zum Gleichnis für die Gegenwart wird, wobei ihm ganz erstaunliche kongeniale Schöpfungen gelingen, bis hin zum gigantischen Panoramabild des Bauernkrieges in Bad Frankenhausen. MATTHEUER bewegt sich in der Bild- und Formsprache der Neuen Sachlichkeit, findet aber Themen und Motive, deren Symbolismus an die Gedankenwelt des ***Surrealismus*** erinnern. HEISIG praktiziert eine ***expressive Malerei,*** die meist dramatische Themen und Motive aus Geschichte und Gegenwart aufgreift und deren Formvokabular und Kompositionsstrukturen an Bewegungskompositionen des ***Barock*** erinnern. SITTE experimentiert mit ganz verschiedenen Formen figurativer Kunst – von der reduzierten Formenwelt des ***Kubismus*** bis hin zu barocker Fülle reicher Figurenkompositionen reicht das Spektrum seiner Studien und Auftragsarbeiten.

◆ Skulptur

Als Kunst im öffentlichen Raum gewinnen Freiplastiken und Reliefs in der Funktion von Denkmalen oder als Baudekoration große Bedeutung. CREMER (*Buchenwaldmahnmal* 1952–58), ENGELHARDT (*Lesender Arbeiter* 1961), FÖRSTER (*Erschossener* 1968).

Figurative Kunst im Westen

Während die figurative Kunst es in den 50er-Jahren trotz berühmter und angesehener Künstler (LEGER, FUHR, GOLLER, BALTHUS, MATISSE, MAILLOL, ROUAULT, BACON, ZADKINE, HAMILTON, GIACOMETTI, PICASSO, PANKOK, SCHMIDT-ROTTLUFF, HOFER, MARCKS, SCHEIBE, HEILIGER, MATARÉ, HOPPER, LEVINE, WYETH) schwer hat, sich zu behaupten, stellt sich mit dem Gesinnungs- und Kulturwandel der 60er-Jahre auf breiter Front ein Pluralismus ein, der ein Nebeneinander verschiedener künstlerischer Strömungen ermöglicht.

- **Strömungen**
- ***Realismus*** als figurative Kunst: SEITZ, GRZIMEK, KRALIK, BETTERMANN und COLBERG
- ***fantastischer Realismus*** (Wien): verbindet Ausdrucksformen der ***Neuen Sachlichkeit,*** des ***Fotorealismus*** und des ***Surrealismus:*** FUCHS, HAUSNER, BRAUER, HUTTER, JANSCHKA, LEHMDEN
- Individuelle Positionen: JANSSEN, ANTES, OELZE, WUNDERLICH

Pop-Art

Von engl. popular art = Populäre Kunst; im Französischen auch ***Nouveau realisme.*** Etabliert sich seit 1960 zunächst in England und den USA als Bezeichnung einer Kunstrichtung, die an Formensprache und Inhalte der Welt der Waren und der Werbung anknüpft und diese ironisierend überhöht und zur Schau stellt.

Anknüpfend an Gedanken der ***Dada***-Bewegung wenden sich Pop-Art-Künstler gegen eingefahrene Konventionen, wollen überraschen, provozieren, irritieren. Die suggestive und plakative Formensprache der Pop-Art (starke Farbkontraste, auffällige Motive: Gewalt, Sex, Überraschungen, effektvolle Inszenierungen) nutzt gattungsübergreifend Vokabular und Repertoire des Grafikdesign, des Produktdesign, der Malerei, der Druckgrafik und der Plastik in allen Spielarten: Grafiken aus der Welt des Comic, Verpackungen (Konservendosen), Verkaufsarrangements (Regale und Auslagen), Schaufensterdekorationen ***(readymades),*** Plakat (Siebdruck-Variationen WARHOLS) oder Objektgestaltung (OLDENBOURG).

Zum Teil werden die betreffenden Objekte einfach nur aus ihrem gewohnten Kontext herausgenommen und durch Platzierung in einer ungewohnten Umgebung verfremdet (Campbell's-Konservendosen – WARHOL, ***readymades,*** z. B. von RAUSCHENBERG) oder eine eigene Umgebung wird definiert wie in den ***Environments*** von SEGAL, zum Teil werden sie monumentalisiert (Vergrößerung von Comic und Zeitungsgrafiken), zum Teil seriell verfremdet (Porträtfotografien in serieller Farbvariation – z. B. Marilyn Monroe von Warhol). Durch ***Happenings*** wird der provokative Ansatz und der Wechsel des Blickwinkels inszeniert (Kaprow). Dabei scheuen die Künstler auch nicht vor dem In-Frage-Stellen angesehener Symbole zurück (z. B. *stars and stripes* – Johns). Die Pop-Art-Künstler arbeiten mit Popmusikern, Filmproduzenten und anderen Protagonisten der Medienszene.

BEISPIELE Dine, Rauschenberg, Wesselmann, Blake, Hockney, Jones, Kitaj, Paolozzi

1

Fotorealismus

Die auch ***Hyperrealismus*** genannte Spielart realistisch-figurativer Malerei und Plastik widmet sich in den USA und Europa in einem peniblen Naturalismus v. a. Genreszenen, Stillleben und Porträt.

Ähnlich wie bei der Fotografie spielen die Wahl des Blickwinkels auf das Motiv und Krümmungseffekte wie bei der Weitwinkelfotografie sowie Lichtführung und naturalistische Effekte wie Spiegelungen eine große Rolle.

Wie die Stilllebenmaler des ***Barock*** setzen die Künstler auf verblüffende ***Trompe-l'œil***-Effekte. Ähnlich wie die Künstler des ***Realismus*** im 19. Jh. wählen sie sich Themen und Motive aus der Alltagswelt, welche durch die sorgfältige und detailreiche Darstellungsweise die Aufmerksamkeit des Betrachters erwecken und den Alltag aus ganz eigenartiger Distanz vorführen.

BEISPIELE Bechtle, Close, Cottingham, Gertsch, Estes, Flack, McLean, Morley, Gruppe Zebra, Hanson, Andrea

Neoexpressionismus

Bereits seit den 60er-Jahren praktizieren Baselitz, Lüpertz und Gleichgesinnte und seit den 70er-Jahren Chia, Clemente und die weiteren Anhänger der ***Arte Cifra*** in Italien eine gestisch geprägte, teils symbolisch, teils figurativ inspirierte, kontrastreiche Malerei in groben Pinselzügen und plakativen, chiffreartigen Formbildungen.

Hier setzen in den 80er-Jahren die ***Jungen Wilden*** an: Ihr Neoexpressionismus, die unbefangene einfallsreiche Thematisierung und Interpretation von Mythen, Emotionen, Situationen finden beim Publikum spontane, teils enthusiastische Resonanz. Bildaufbau, Farbkomposition und Farbauftrag orientieren sich dabei nicht selten am Expressionismus vor dem Ersten Weltkrieg, z. B. des Blauen Reiters.

BEISPIELE Fetting, Salomé, Middendorf, Dokoupil, Bömmels, Dahn, Oehlen, Bach

1.4 Nach der Utopie der Moderne

Der Abschied vom Tafelbild

Gegen Ende der 60er-Jahre vollzieht sich in der Kunst der westlichen Welt ein Umbruch, der einen vorläufigen Abschied vom traditionellen Kunstbegriff nahelegt und die Programmatik der Moderne, besonders die Abstraktion, vehement in Zweifel zieht. Die Grenzen des Begriffs „Kunstwerk“ beginnen sich dabei nahezu aufzulösen.
Wie ist dieser Wandel zu erklären? Bereits DUCHAMP hat mit seinen ***readymades*** zu Beginn des 20. Jh.s einen Schritt gewagt, der das übliche Verständnis vom Kunstwerk als Leinwandbild oder Skulptur grundlegend auf den Kopf stellte. Durch seine provokativen Ausstellungsbeiträge (z. B. *Brunnen*, Urinoir als ***readymade*** 1917) wirft DUCHAMP die Frage nach dem Kunstwerk als solchem auf: Wie wird Kunst überhaupt zur Kunst? Liegt das Geheimnis in den Dingen selbst oder waren und sind Kunstwerke eventuell als das Produkt einer letztlich willkürlichen Entscheidung zu begreifen, die Künstler, Galeristen, Museumsleute oder aber der Betrachter treffen?
Dadaisten und Surrealisten haben mit den Techniken der Collage und Montage zuvor den Anfang gemacht und bereits den banalen Alltagsgegenstand, das Fundstück oder den Zeitungsschnipsel zum Werkstoff erkoren. In den 60er-Jahren folgt dann die Fortsetzung des „Ausstiegs aus dem Bild“ (GLOZER).
Dabei gilt es zu bedenken, dass diese Abkehr von der Malerei keinesfalls als willkürlicher Modetrend zu verstehen ist. Nach dem Zweiten Weltkrieg haben viele westliche Künstler an die Gedanken der Moderne angeknüpft und sich in ihrer Malerei der Abstraktion zugewandt. Figürliche und gegenständliche Malerei war wegen ihres Missbrauchs durch totalitäre Herrschaftssysteme vielfach in Misskredit geraten. Die Abstraktion versinnbildlicht somit die vor dem Krieg entstandene Hoffnung, die Kunst könne eine von Grund auf humane, herrschaftsfreie und demokratische Universalsprache entwickeln.
Nach 1945 führten Kriegserfahrung und sich anbahnender Kalter Krieg zur Desillusionierung und Ablehnung gesellschaftlicher Utopien, für die die Moderne ebenfalls steht. Bald ist mit der konsequenten Abstraktion zudem eine Grenze erreicht, an der es scheinbar nicht mehr weitergehen kann. Alles scheint schon da gewesen, alles ist schon ausprobiert und bis zur völligen „Leere des Bildes“ als letzter Konsequenz, bis zur gänzlichen Verneinung des Erzählerischen und Figürlichen im Bild reduziert worden. Wozu also noch Farbe auf Leinwände auftragen?
Weiterhin wird Ende der 60er-Jahre die Frage nach der fehlenden Lebensnähe abstrakter Kunst diskutiert. Das autonome Kunstwerk und hier allen

voran das klassische Tafelbild als Medium der Malerei gilt als vom Alltag losgelöster Gegenstand, der lediglich der stillen, in sich gekehrten Betrachtung im Museum dient – und sonst zu nichts nütze ist.
Für viele Künstler hat sich die Kunst durch die Abstraktion somit jeglicher inhaltlicher Aussagekraft entledigt. In ihren Augen bezieht sie sich nur noch auf formalästhetische Aspekte, die keine politisch, gesellschaftlich oder individuell relevanten Inhalte mehr transportieren. Somit müssen auf Seiten der Künstler neue Wege gefunden werden, die jenseits der Institutionalisierung und der Vermarktungsstrategien des gängigen Kunstbetriebes liegen sollen.

Die Auflösung der Gattungskategorien

Bis Mitte der 50er-Jahre hat sich die Kunstproduktion hauptsächlich – von den Soireen und Objekten der ***Dadaisten*** und ***Surrealisten*** oder SCHWITTERS' Materialmontagen einmal abgesehen – in den klassischen Gattungen Grafik, Malerei und Plastik abgespielt. Auch die ***Pop-Art*** ist zu weiten Teilen diesen Kategorien verhaftet, auch wenn hier bei z. B. WARHOL oder RAUSCHENBERG bereits eine ironische Brechung der Gattungsbegriffe zu verzeichnen ist.
Inzwischen lassen sich stringente Kunststile in der zeitgenössischen Kunst nur noch schwer ausmachen, zumal mehrere Generationen von Künstlern gleichzeitig tätig waren und sind und auch die einzelnen Künstler sich häufig mit unterschiedlichen Kunstgattungen auseinandersetzen. Stattdessen sind sie oftmals in mehreren Bereichen – von der Zeichnung bis hin zur interaktiven Computerkunst – tätig bzw. experimentieren mit gattungsübergreifenden Kunstformen. Somit orientieren sich kunstgeschichtliche Kategorisierungen in Bezug auf aktuelle Kunst kaum mehr an Gattungsbegriffen, vielmehr rücken inhaltliche Themenkomplexe in den Vordergrund.

Kunst als Kritik am autonomen Kunstwerk

Die Auseinandersetzung mit dem autonomen Kunstwerk und die Kritik an vor allem profitinteressierten Galerien und kaum innovativen Museen als Kunstschauplatz wird zum übergreifenden Thema der Kunstproduktion. Kritisiert wird auch die Ausgrenzung des Betrachters, das ehrwürdige Verharren vor dem Tafelbild oder der Kernplastik mit dem Hinweisschild: „Bitte nicht berühren". Somit wird der Betrachter beispielsweise im Rahmen der ***Happenings*** der 60er- und 70er-Jahre zu einem Teil des Kunstwerkes gemacht, seine aktive Beteiligung am Geschehen – und auch Verunsicherung und Irritation – ist intendiert. Der Amerikaner KAPROW hat diese Kunstform, in Anlehnung an die Aktionen der japanischen Künstlergruppe GUTAI Mitte der 50er-Jahre, entwickelt, indem er seine Materialbilder vor Publikum herstellte und es aufforderte, „sich in die Kunst hineinzubegeben".

In einem ähnlichen Zusammenhang stehen die Fluxuskonzerte, in denen das Absurde zur Kunstform erhoben und jegliche Erhabenheit und Fetischisierung, z. B. durch das Festnageln jeder einzelnen Klaviertaste in MACUNIAS *Piano Piece No. 13,* ins Lächerliche gezogen wurde. Fluxuskünstler stellen darüber hinaus sogenannte Multiples her, die durch serielle Herstellung für jedermann erschwinglich sind. Sie führen so die Forderung nach der Einzigartigkeit von Kunstwerken ad absurdum. Angeboten werden beispielsweise Koffer oder Boxen mit allerlei alltäglichem ironisch verfremdeten Krimskrams, der eben nicht zum versonnenen Betrachten gedacht ist, sondern zum Spielen und Ausprobieren. Somit versteht sich ***Fluxus*** als eine Antikunst, die die schöpferische Idee in den Vordergrund rückt und sich den wirtschaftlichen Mechanismen des Kunstbetriebes entziehen will.

Der erweiterte Kunstbegriff

BEUYS gilt im Zusammenhang seines erweiterten Kunstbegriffs als ein letzter Utopist des 20. Jh.s. Mit seiner Idee von der sozialen Plastik, in der er die Gesellschaft quasi als formbaren, zu verändernden Werkstoff begreift, geht er über Versuche seiner Zeitgenossen hinaus, die Grenzen der Kunst aufzubrechen. Das Utopische, also die Suche nach einer anderen, besseren Welt, wird BEUYS deshalb attestiert, weil er von der Kunst fordert, sie dürfe „nicht etwas Retinales bleiben", d. h., die Kunst dürfe sich nicht allein auf das Sehen beschränken. Vielmehr fordert er von der Kunst einen gesamtgesellschaftlichen Umbruch, der die Menschen zu einer Rückbesinnung auf humanistische Werte und ein Leben jenseits der Ausbeutung der Natur bewegen soll, ein Leben, in dem Rationalität und Kreativität wieder miteinander in Einklang gebracht werden könnten.

BEUYS zufolge kann „jeder Mensch ein Künstler" sein. Jede von einem Menschen getane Arbeit könne Kunstcharakter haben, sofern das Produkt oder aber dessen Entstehungsprozess auf sinnhafte und reflektierte Weise gestaltet werden.

BEUYS entwickelt in seinen Arbeiten eine individuelle Ikonografie, die sich dem Betrachter ohne Kenntnis dieses speziellen Zeichensystems nicht erschließt (z. B. Fett = Wärme und Energie; Filz = Uniformierung; Honig = kreatives Denken, geistige Energie). BEUYS will die verwendeten Materialien jedoch nicht rein symbolisch verstanden wissen, vielmehr sieht er in den Werkstoffen ein Energiepotenzial, nach dem die Dinge durchgängig eine innere Substanz haben.

Die für BEUYS' Kunstschaffen zentralen Aktionen haben oftmals liturgischen Charakter und erinnern an die mystischen Riten eines Schamanen, der durch magische Handlungen eine Verbindung zum Übersinnlichen sucht, um Heilkräfte zu erlangen. Dabei inszeniert er sich selber als Visionär, als Lehrer und Deuter einer unsichtbaren Wirklichkeit.

Materialität als Thema

Das Gestaltungspotenzial verschiedenster Materialien entwickelt sich zu einem weiteren eigenständigen Thema in der Kunst der zweiten Hälfte des 20. Jh.s. Dabei lassen sich zwei unterschiedliche Herangehensweisen unterscheiden.

1

Einerseits erforschen Künstler das Material als solches und versuchen in ihren Arbeiten dessen Beschaffenheit und Raumwirkung im experimentellen Umgang zu veranschaulichen und das Material als das aufzufassen, was es ist. Material wird hier als ästhetischer Eigenwert begriffen und nicht symbolisch verwendet, vielmehr steht der frei assoziative und gleichsam poetische Charakter der Werkstoffe im Vordergrund (z. B. Werke von MORRIS oder HESSE).

Die ***Arte Povera*** nutzt demgegenüber Inszenierungs- und Installationsformen, die eine symbolische Aufladung der präsentierten Gegenstände zum Ziel haben und damit auf außerbildliche Zusammenhänge verweisen. Zuerst beschränkte sich die Arte Povera auf Italien, der Begriff wird heute jedoch auch für Arbeiten von Künstlern aus anderen Ländern verwendet, die die symbolhafte Verwendung nicht nur vorrangig armer Materialien, wie Holz, Pappe, Reisig, Leinensäcke oder Erde einsetzen. Die Unterscheidung zwischen edlen Materialien wie Gold, Marmor oder Seide und wertlosen wie Stroh, Erde oder Abfall wird aufgehoben, sodass eine Kritik am Konsumdenken und am bürgerlichen Kunstbegriff mitschwingt (z. B. ANSELMO, FABRO, KOUNELLIS, MERZ).

Idee und Verweigerung des Kunstwerks – Konzeptkunst

Ein Paradebeispiel für Vorgehensweise und Ziel in der Konzeptkunst oder ***Conceptual Art*** stellen die Arbeiten von KOSUTH dar: 1965 präsentiert er der Öffentlichkeit einen Stuhl, neben dem zum einen ein Foto desselben hängt, sowie eine vergrößerte Kopie eines Lexikoneintrages zum Stichwort chair. Was ist nun das Kunstwerk, das Objekt selbst, dessen fotografisches Abbild oder die Definition, also die durch Schrift repräsentierte geistige Idee des Gegenstands?

Die Verweigerung des einmaligen Kunstwerks in der Konzeptkunst wirft die Frage auf, ob Kunst sich im Visuellen und Objekthaften abspielen muss, oder ob nicht die Reflexion und die Vollendung des Kunstwerks im Kopf des Betrachters den eigentlichen Kern von Kunst ausmacht. Im Rahmen der Konzeptkunst können Entwürfe, Skizzen und Texte von letztlich nicht realisierten oder noch zu realisierenden Objekten oder Aktionen das ausgestaltete Kunstwerk ersetzen.

In einem erweiterten Sinn findet der Begriff Konzept in nahezu allen Bereichen der Kunst der letzten Jahrzehnte seinen Niederschlag. Danach ist jede Kunst konzeptionell, die vom Betrachter nicht nur konsumiert, sondern auch reflektiert und hinterfragt werden will, indem sie keine endgültige oder allgemeingültige Aussage liefert, sondern ein offenes Angebot bleibt, das den Betrachter zu subjektiv-assoziativem und letztlich freiem Denken auffordert (z. B. DARBOVEN, WEINER).

Dies erfordert die aktive Teilnahme des Betrachters oder des Publikums und verlangt diesem ab, sowohl Initiative zu ergreifen als auch mitzudenken.

Fernab vom Atelier, weit weg vom Museum – Land Art

Die amerikanischen Künstler der Land Art sind einerseits gegenüber dem Markt und dem Warencharakter von Kunst kritisch eingestellt. Andererseits suchen sie nach neuen künstlerischen Gestaltungsräumen jenseits der Großstädte wie New York und nach authentischer Naturerfahrung jenseits der Trends der urbanen Szenekultur der ausgehenden 60er-Jahre. Die Landschaft selbst wird zum Material für Künstler wie DE MARIA oder SMITHSON, die bevorzugt verlassene Landstriche aufsuchen, um dort anfangs kleinere Aktionen und später Projekte von gigantischen Dimensionen zu realisieren. Die entstandenen Werke muten oft wie vorgeschichtliche mythische Kultstätten an (SMITHSON, *Spiral Jetty 1970*, eine 457 Meter messende Spiralaufschüttung; DE MARIA, *Lightning Field 1977*, eine Installation aus 400 Stahlstangen, die Blitzeinschläge provozieren).

Durch ihre übermächtige Dimensionierung und ihre Einbettung in den weiten Naturraum zeugen die Werke der Land Art über die Gestaltung der Natur hinaus vor allem von der Suche nach der Erfahrung des Erhabenen, nach quasi-religiöser Erkenntnis und Sinn.

Spurensicherung – Erinnerung als Auseinandersetzung mit dem Erzählerischen

Der Kunsthistoriker METKEN prägt Anfang der 70er-Jahre den Begriff der Spurensicherung, der eine neu aufgekommene Tendenz in der westeuropäischen Kunst unter einem Oberbegriff zusammenfassen soll: künstlerische Praxis als Erinnerungsarbeit, d. h. Kunst verstanden als Auseinandersetzung mit biografischer oder politisch-gesellschaftlicher Vergangenheit. Künstler wie OPPERMANN, BOLTANSKI, GERZ oder LANG suchen neue Ausdrucksformen, die das Erzählerische im Sinne einer individuellen oder gesellschaftlichen Standortbestimmung nutzbar machen sollen.

Das Sammeln, Archivieren und Kategorisieren von Fundstücken, Alltagsgegenständen oder Fotografien erinnert dabei an quasi-wissenschaftliche Verfahren. Mittels der Inszenierung fiktiver Biografien wird die Funktion künstlerischer oder wissenschaftlicher Archive selbst infrage gestellt. Die gesellschaftlichen Bedingungen von Wahrnehmung und Geschichtsverständnis – wie auch unbewusste Verdrängungsmechanismen, die unsere Erinnerung beim Organisieren und Auswählen von zu bewahrenden Spuren unsere Vergangenheit überlagern, verfremden und verfälschen können – werden hierbei hinterfragt.

Bei der Auseinandersetzung mit den Themen Vergänglichkeit und Tod stehen die Werke der Spurensicherung in der jahrhundertealten künstlerischen Tradition der Vanitasdarstellung. Das Wissen um die Gräuel des Holocaust oder des Vietnamkrieges verleihen der Thematik im 20. Jh. eine neue Dimension, die insbesondere in BOLTANSKIS düsteren Installationen ihren Niederschlag findet.

Exzesse, Ekel und Trauma – Kunst als Schocktherapie

Nahezu zeitgleich mit den ersten Aktionen von Joseph Beuys, d. h. zu Beginn der 60er-Jahre, sorgen die ***Wiener Aktionisten***, allen voran MÜHL, NITSCH und BRUS, mit ihren Aktionen in der Kunstwelt für öffentliches Aufsehen. Die Künstler dieser Gruppe inszenieren Veranstaltungen und Aktionen, die ganz bewusst mit der Verletzung gesellschaftlicher Tabus, der anarchistischen Kraft des Exzessiven, mit Ekel und Selbstverletzungen als gewollten Grenzerfahrungen operieren. Ausgangspunkt für die spektakulären Aktionen beispielsweise von HERMANN NITSCH ist die gestische Malerei, jedoch rückt die von Nitsch intendierte kathartische Wirkung des Geschehens selbst bald in den Vordergrund.

Während die Wiener Aktionisten die Schockwirkung ihrer Aktionen zu einem künstlerischen Gruppenprogramm erklären, taucht dasselbe Moment – d. h. die Inszenierung von Ekel, pervertierter Sexualität und Gewalt – auch bei anderen Künstlerinnen und Künstlern wie z. B. NAUMAN, SHERMAN oder HIRST auf, die neben künstlerischen Aktionen auch inszenierte Fotografie oder Installationen einsetzen.
HOLZER veröffentlicht unter dem Titel *Lustmord* im Magazin der Süddeutschen Zeitung fotografische Nahaufnahmen menschlicher Haut, die mit unterschiedlichen Satzfetzen von Opfern, Tätern und Beobachtern beschrieben waren. Auf die Titelseite heftet sie ein mit Blut bedrucktes Kärtchen, mit dem der Betrachter direkt in Berührung kommt. HOLZER operiert hier mit den Mitteln der Massenmedien und kritisiert dabei sowohl die gängige Be-

richterstattung als auch die Abstumpfung der Gesellschaft gegenüber medial vermittelten Bildern von Gewalt, Krieg und Tod. Damit nimmt sie eine Perspektive ein, die mit der von den ***Wiener Aktionisten*** beabsichtigten Schockwirkung von Kunst als Befreiung von bürgerlichen Zwängen nichts mehr gemein hat.

Performative Kunst – das Kunstwerk als Handlung

Performative Kunst bezeichnet alle künstlerischen Ausdrucksformen von der Malerei über die Skulptur bis zur Aktion selbst, die nicht ein statisches, in sich geschlossenes Kunstwerk, sondern einen veränderlichen Prozess umfassen.
So geht es in der ***Aktionsmalerei*** nicht mehr um das Abbilden der äußeren Welt oder abstrakte Formkompositionen, sondern um den Malprozess selbst und die dabei entstehenden Spuren. KLEIN setzt z. B. 1958 in einer Aktion einen lebenden Pinsel ein: Ein nacktes Modell, das mit blauer Farbe bestrichen war, rekelt sich auf einer Papierbahn und hinterlässt dabei Körperabdrücke, weshalb dem Künstler teilweise laszives Entertainment, also Sexismus vorgeworfen wurde.
Auch ***kinetische Objekte***, die nicht wie klassische Skulpturen statisch im Raum stehen, sondern sich, evtl. durch in das Objekt integrierte Motoren, bewegen und daher ständig verändern, wie beispielsweise TINGUELYS Zeichenmaschinen aus den 50er- und 60er-Jahren, werden dem performativen Bereich zugeordnet. Aber auch hier entstehen Arbeiten, die Kunstwerken im traditionellen Sinne ähneln: Es bleiben die Körperabdrücke auf KLEINS Papierbahnen, TINGUELYS Maschinen produzieren naive Zeichnungen und werden letztlich als Maschinen selbst zu Ausstellungsobjekten.

In der ***Performance*** rückt die Produktion eines materiellen Kunstwerks als Ziel der künstlerischen Handlung in den Hintergrund, die Konzentration auf den Prozess überführt die Aktion selbst zur eigenständigen Kunstform. Performancekünstler inszenieren eine künstlerische Auseinandersetzung, deren Material in erster Linie der eigene Körper ist. Das Handlungsspektrum reicht dabei von Extremsituationen körperlicher Selbstgefährdung bis hin zu ironischer Selbstdarstellung (z. B. Arbeiten von NAUMAN, EXPORT, ABRAMOVIĆ und ULAY, KUSOLWONG, FISCHER).

Die Gender-Debatte

Der Begriff Gender wird zuerst in der Literaturwissenschaft und Filmtheorie diskutiert und hat bald auch in der Kunstwissenschaft einen relevanten Stellenwert. In Abgrenzung zum biologisch festgelegten Geschlecht versteht man unter Gender das soziale Geschlecht eines Menschen, d. h. die geschlechtsspezifischen Verhaltensweisen und Normen, die als gesellschaftliche Zuschreibungen gesehen werden und demnach willkürlich sein können. Die Genderforschung betreibt auch eine intensive Auseinandersetzung mit dem Feminismus der 70er-Jahre, der sich vehement gegen männlich dominierte Machtstrukturen in der Gesellschaft auflehnt und eine Reduzierung der Frau auf die Mutterrolle oder auf ein gefügiges Sexualobjekt anprangert.

Die Gender-Debatte findet in der Kunst bis heute ihren Niederschlag, wobei einerseits die Benachteiligung von Frauen im institutionalisierten Kunstbetrieb kritisiert wird und andererseits das Thema Geschlechtsidentität von Künstlerinnen – wie auch einigen Künstlern – aufgegriffen und bearbeitet wird.

BEISPIELE GUERILLA GIRLS, *Do women have to be naked to get into the Met. Museum?* Plakataktion 1989; ORLAN, *The Reincarnation of Orlan*. Schönheitsoperationen nach dem Vorbild alter Meister, die die Künstlerin als Performanceserie seit 1990 an sich selbst durchführen lässt; Arbeiten von ANNIE SPRINKLE und BETH STEPHENS.

Film – Medienreflexion und die Renaissance der Erzählung

Die Grenzen zwischen ***Performance*** und ***Videokunst*** gelten heute als fließend. Aus der ursprünglichen Nutzung des Videofilms als Dokumentationsmittel entwickelte sich eine eigenständige Kunstform. So haben beispielsweise Künstlerinnen wie RIST oder MORI ihre Wurzeln in der Performance. Sie nutzen Aufnahmen von Aktionen für ihre eigenständigen fotografischen und filmischen Werke, die in Anlehnung an die Ästhetik von Videospielen und Comics eine ironische bis beklemmende Analyse der heutigen Medienwelt zum Thema haben.

Um mit der perfektionierten Bilderwelt der elektronischen Medien authentisch und wirksam konkurrieren zu können, entwickelte sich ein Ansatz, der das Medium selbst zum Thema machte und seine Wirkungsweisen auf den Betrachter hinterfragte. Künstlerische Aktionen wie auch verschiedene Möglichkeiten der Präsentation von filmischen Bildern werden beispielsweise im Rahmen von ***Videoinstallationen*** in die experimentelle Medienkunst mit einbezogen.

NAM JUNE PAIK entlarvt z. B. Ende der 70er-Jahre in *TV-Cello* und *Living Buddha* auf ironische Weise den Zuschauer als blinden Medienkonsumenten, der zu direkter Kommunikation nicht mehr fähig ist. Seine Arbeiten sind dabei zwischen Medienkritik und Medienfaszination anzusiedeln.

Während PAIK als Pionier der ***Medienkunst*** gesehen werden kann, der mit einfachsten technischen Mitteln operierte, experimentieren Videokünstler heute auf unterschiedlichste und zum Teil hochprofessionelle Weise mit filmischen und installativen Gestaltungsformen.

BEISPIELE Arbeiten von AHTILA, OURSLER, PLESSI, BARNEY, TAYLOR-WOOD, VIOLA

Identität im virtuellen Zeitalter

Der Mensch ist seit jeher ein zentrales Thema künstlerischen Schaffens gewesen, auch wenn im Rahmen der Entwicklungen der abstrakten Kunst dieses Genre zeitweilig in den Hintergrund getreten war. Das Subjekt als Thema künstlerischer Reflexion wirft die Frage auf, wie sich Identität in einer Zeit konstituiert, in der Lebensentwürfe nicht mehr gesellschaftlich festgeschrieben und vorhersehbar sind und vormals fremde Welten in Echtzeit auf dem heimischen Bildschirm jederzeit verfügbar werden.

Die biotechnischen Möglichkeiten der Genmanipulation eröffnen darüber hinaus Szenarien, die, seien sie auch ethisch fragwürdig und aufs Heftigste umstritten, bislang nicht vorstellbar waren. Digitalen Bildmedien kommt im Rahmen der Kunst in diesem Zusammenhang ein besonderer Stellenwert zu, da sich am Computer durch die Manipulierbarkeit jedes einzelnen Bildpunktes Veränderungen simulieren lassen, die im Genlabor (noch?) nicht durchführbar sind.

BEISPIELE Arbeiten von VAN LAMSWEERDE, AZIZ und COTTINGHAM, COUCHER, STELARC

Postkoloniale Kunst und Transkulturalität

Die gängige Kunstgeschichtsschreibung befasste sich lange nahezu ausschließlich mit Vertretern europäischer oder nordamerikanischer Kunststile und -tendenzen. Kunst aus Mittel- oder Südamerika, Afrika, aus dem asiatischen oder dem arabischen Raum spielt meistenteils lediglich im Rahmen einer Auseinandersetzung mit dem kuriosen Fremden oder dem Anderen im Kunstkontext eine Rolle. Die voranschreitende internationale Vernetzung auch in der Kunstwelt bringt es mit sich, dass seit Beginn des 21. Jh.s sowohl die Auseinandersetzung mit den Einflüssen der ehemaligen Kolonialisierung von Dritte-Welt-Ländern als auch die Auswirkungen der voranschreitenden Globalisierung in die Definition von Kultur mit einfließen. Dabei wird Kultur nicht mehr als etwas Statisches, eindeutig zu Definierendes verstanden, das rein länder- oder nationalitätenabhängig ist. Vielmehr wird von wechselseitigen Einflüssen und gegenseitiger Bedingtheit verschiedener Kulturen ausgegangen. In der Kunstwelt findet diese Auseinandersetzung beispielsweise im Rahmen der documenta XI ihren Niederschlag.

Die „Zweite Moderne" – Und wieder Malerei?

Die Begriffe ***Klassische Moderne, Spätmoderne*** und ***Postmoderne*** werden in der Kunstgeschichte nicht völlig einheitlich verwendet. Grob lässt sich sagen, dass die ***Klassische Moderne*** in der Zeit vor dem ***Impressionismus*** ansetzt und bis zum Zweiten Weltkrieg reicht, der im kunstgeschichtlichen Kontext wie im Weltgeschehen einen massiven Einschnitt darstellte. Die ***Spätmoderne*** bezeichnet vor allem die Kunst des ***Abstrakten Expressionismus*** und des ***Informel.*** In etwa mit der ***Pop-Art,*** dem ***Nouveau Réalisme*** und der ***Fluxusbewegung*** wird der Beginn der Postmoderne zeitlich verortet. Inwiefern die ***Postmoderne*** eine eigenständige Epoche darstellt oder sich lediglich als Reaktion auf die Maxime der ***Moderne*** und somit als Endzeitphänomen herauskristallisieren wird, ist aufgrund der mangelnden historischen Distanz noch nicht endgültig einschätzbar. Zumindest lässt sich feststellen, dass die ***Postmoderne*** die Darstellung, d. h. das Erzählerische gegenüber der Abstraktion, wieder in die Kunst integriert hat.

1

Der Kunsthistoriker KLOTZ prägte in diesem Zusammenhang den Begriff der ***Zweiten Moderne.*** Seiner These zufolge ist das Ergebnis der ***Postmoderne*** keinesfalls die unwiderrufliche Abkehr von der Abstraktion, vielmehr sei am Ende des 20. Jh.s eine Rückbesinnung auf die Wurzeln der ***Moderne*** und somit auch auf die Abstraktion zu verzeichnen, die neben einer erzählenden Kunst weiterhin fortbesteht. Diese neue Form der ***abstrakten Malerei*** entziehe sich damit einer linearen Geschichtsschreibung, die mit dem leeren Bild das Ende der Abstraktion proklamiert hatte. Dabei bezieht sich KLOTZ auf die Bilder von Künstlern wie SCULLY, KIRKEBY, RICHTER oder FÖRG, die sich allesamt mit großformatiger abstrakter Malerei beschäftigen und somit den malerischen Gestus oder die ästhetische Wirkung der reinen Farbe in der Farbfeldmalerei wieder zum zentralen Gegenstand ihrer Kunst machen. Als erzählerische und somit der Malerei als konträr gegenüberzustellende Medien sieht KLOTZ zum einen die inszenierte Fotografie, z. B. von WALL, und darüber hinaus die ***Videokunst,*** die sich mit einer Weise der Darstellung der Wirklichkeit auseinandersetzen könne, die in der Malerei unwahr oder nichtssagend geworden sei. Das Nebeneinander von ***Medienkunst*** und Malerei bedeutet nach dem von KLOTZ entworfenen Begriff der ***Zweiten Moderne*** auch die Versöhnung von abstrakter und erzählerischer Kunst, die gleichwertig nebeneinander Bestand haben.

2 Bildmedien als Kommunikationsmittel

2.1 Fotografische Darstellungsformen

Im Prinzip finden sich viele der o. g. künstlerischen Darstellungsmittel auch in der Fotografie wieder:

- Wahl des Bildausschnitts, Bildkomposition (▶ S. 16 f.)
- Perspektive, Blickwinkel (▶ S. 14 ff.)
- Farbkomposition, Farbsymbolik (▶ S. 10 ff.)
- Lichtführung usf.

Darüber hinaus gibt es typisch fotografische Gestaltungsmittel, die im Folgenden erklärt werden sollen.

Wahl des Bildausschnitts, Bildkomposition

Schon bei der Wahl des zu fotografierenden Wirklichkeitsausschnitts legt sich der Fotograf fest und wählt aus der Fülle seiner visuellen Eindrücke einen Teil aus, der nach seiner Vorstellung die gegebene Situation am besten wiedergibt und damit ver-(sinn-)bildlicht.
Diese Wahl des Ausschnitts kann man zeitlich gesehen als das Einfangen des richtigen Moments bezeichnen oder bildhaft-räumlich als Auswahl eines signifikanten Wirklichkeitsausschnitts. Mittels ***Kameraobjektiv,*** welches die Weite des Ausschnitts festlegt und eine Raumebene fokussiert oder mittels Blendenwahl, die sich auf die ***Schärfentiefe*** eines Bildes auswirkt (▶ S. 77), kann er aus der Fülle optischer Reize weitere Elemente und Effekte herausarbeiten, die ihm wichtig erscheinen. Mittels Wahl des Filmmaterials, der Steuerung der Filmentwicklung und der Korrektur durch ***Retusche*** ergeben sich weitere Gestaltungsmöglichkeiten.
Wie in der Malerei trägt die Anordnung der Objekte auf der Bildfläche, also die Komposition (▶ S. 16 ff.) auch in einer Fotografie entscheidend zur Wirkung auf den Betrachter bei.

Perspektive, Blickwinkel, Handlungsachse

Die ***Kamerahöhe*** legt den Blickwinkel fest, aus welchem das Motiv erfasst wird. Sie agiert wie das Auge des Betrachters. Man unterscheidet Positionen

- auf Augenhöhe – dies entspricht unserer normalen Sichtweise, wir fühlen uns einbezogen,

- von unten *(Froschperspektive)* – das Objekt wirkt übermächtig, wir fühlen uns ihm unterlegen,
- von oben *(Vogelperspektive)* – das Objekt wirkt unterlegen und wir als Betrachter fühlen uns der Sache / dem Motiv gegenüber überlegen.

Entsprechende Neigungswinkel der Kamera unterstützen die Dramatik der Kameraposition entsprechend: Je steiler der Winkel aufwärts oder abwärts verläuft, desto dramatischer die Bildwirkung.

Die Perspektive auf ein Bildmotiv wird entscheidend durch das ***Kameraobjektiv*** beeinflusst: Dieses nämlich ermöglicht unterschiedlich weite Blickwinkel auf das Motiv. Ein ***Weitwinkelobjektiv*** z. B. bündelt die in die Kamera fallenden Lichtstrahlen sehr stark, ermöglicht einen erweiterten Blick auf ein Panorama und kann z. B. bei nahem Kameraabstand zum Motiv zu starken Verzerrungen führen (▶ S. 78). Ein ***Teleobjektiv*** verengt demgegenüber den Blickwinkel und bewirkt den Eindruck einer engen Staffelung der dargestellten Raumebenen (so können weit hintereinander entfernte Objekte auf einer Fotografie dargestellt werden, als seien sie flach zusammengerückt).
Im Zusammenhang mit der Blickführung spielt auch die ***Handlungsachse*** eine bedeutende Rolle. Das Beispiel eines fotografierten Bogenschützen mag diesen Begriff verdeutlichen. Zielt der Schütze aus dem Bild heraus, so bilden wir als Betrachter das direkte Ziel seiner Aktivität. Wir sind von seiner Handlung unmittelbar betroffen. Visiert dagegen der Schütze mit dem Rücken zu uns eine Zielscheibe in der Bildmitte an, so sehen wir, was er sieht und wir fühlen uns fast schon als sein Komplize. Dies kann natürlich auch bei beschaulicheren Bildszenen der Fall sein – die Rückenfiguren des romantischen Malers FRIEDRICH (▶ S. 47 f.) laden auf ähnliche Weise zur Kontemplation in der Natur ein.
Am wenigsten spannungsreich erscheint uns eine Handlungsachse, die horizontal im Bild verläuft: Schießt der Bogenschütze von links nach rechts, so spielt sich die Handlung zwar vollständig vor unseren Augen ab und wir haben den Überblick, doch sind wir als Betrachter weniger betroffen, weil die Aktion an uns vorbeigeht.

Farbkomposition, Farbsymbolik

Farbe kann in der Fotografie auf verschiedene Weise eingesetzt werden. Die Wahl des Lichts, des Farbfilmmaterials, von ***Farbfiltern*** vor dem Kameraobjektiv, die ***Kolorierung*** von Positiven oder die Nachbearbeitung im Computer können wirksam werden. Farbe kann die Bildwirkung verstärken durch Lenkung der Aufmerksamkeit, durch ***Verfremdungseffekte*** oder symbolische

Dimensionen. S/W-Fotografien hingegen betonen die grafischen Strukturen der Bilder, wirken oft sachlicher, formkonzentriert, verfremdend.

Licht, Beleuchtung

Licht ist in der Fotografie eines der elementaren Gestaltungsmittel: Neben der Tatsache, dass es die Fotografie überhaupt erst ermöglicht, kann es auf vielfältige Art als Gestaltungsmittel eingesetzt werden. Die unterschiedlichen Stimmungen, Färbungen und Kontraste des Tageslichtes, die gezielte Beleuchtung (wie auch der Einsatz von Schatten) in Studiosituationen oder verfremdende nächtliche ***Lichteffekte*** sind nur einige wenige Beispiele für den Einsatz von Licht beim Fotografieren.
Allein die Unterschiede in der Ausrichtung von Licht können viele verschiedene Wirkungen hervorbringen. Wird ein Kopf z. B. nur mit einem Spot von unten beleuchtet, so wirkt er mystisch-geisterhaft. Dagegen kann eine Beleuchtung von hinten einen Lichtsaum um den Kopf hervorrufen, der dem Porträtierten einen Nimbus verleiht.
Die Qualität des Lichts bringt ebenso viele Wirkungen hervor: Streulicht (ob als Tageslicht oder aus einer Studio-Softbox) erhellt eine Szene gleichmäßig und natürlich. Das parallele Licht von Spots kann ungewöhnliche Akzente setzen. Licht kann zudem hart/kalt wirken (mit hohem Weiß- und Blau-Anteil) oder weich/warm (mit leichtem Gelb-Orange-Anteil und leichter Streuung).

Kameratechnische Grundlagen

Jede Form der Fotografie (auch Digitalfotografie) ist von den technischen Vorrichtungen der Kamera abhängig:

- Größe eines Lochs, durch das Licht in die lichtgeschützte Blackbox fällt = ***Blende,***
- Bündelung des Lichts, Brechungswinkel mittels Linsensystem = ***Objektiv,***
- Dauer, in der Licht in die Kamera einfällt, geregelt durch einen Verschluss = ***Belichtungszeit,***
- eine lichtempfindliche Ebene, auf der die fotochemische oder elektrostatische Reaktion festgehalten wird = ***Filmebene*** oder ***digitale Aufzeichnungsebene.***

Diese kameratechnischen Elemente bringen in ihrem Zusammenspiel eine Fülle von fotografischen Gestaltungsmöglichkeiten hervor. Einige werden hier entfaltet werden können. Manches dazu finden Sie auch im fotohistorischen Teil (▶ S. 78 ff.).

Damit auf dem Filmmaterial ein Bild entstehen kann, muss ausreichend viel Licht in die Kamera eindringen. Die Lichtmenge wird gesteuert mit ***Blende*** und ***Belichtungszeit.*** Bei großer Blende und kurzer Belichtungszeit dringt genauso viel Licht ein wie bei kleiner Blende und langer Verschlusszeit. Die Bildwirkung ist aber völlig anders, das machen Fotografen sich zunutze:

- Wird ein Objekt bei ***großer Blende mit kurzer Belichtungszeit*** belichtet, erscheint der Bildhintergrund tendenziell unscharf aufgelöst, das Objekt scharf. So wirkt das betreffende Objekt als Handlungsträger vor einem atmosphärisch spürbaren Hintergrund stärker auf uns.
- Bei ***längerer Belichtungszeit und kleiner Blende*** sieht die Fotografie ganz anders aus: Hier wirkt der Hintergrund nun eher scharf, die Bildelemente sind gleichartig scharf, aber es besteht die Gefahr, dass durch Verwackeln Unschärfen und Konturverwischungen ins Bild kommen.
  Die resultierende „tiefenscharfe" Aufnahme wirkt eher starr, weil Konturen von Gegenständen in Vorder- und Hintergrund gleichermaßen scharf wirken.

2

	wenig Licht	**mittleres Licht**	**viel Licht**
Blendeneinstellg.	groß 1,8–4	5,6–11	klein 16–22
Belichtungszeit	lang: 1–1/30 Sekunde	1/60–1/250 Sekunde	kurz: 1/500–1/1000 Sekunde
ISO-Wert Film	für sehr trübe Lichtsituationen: 1600–3200	für helle Innenräume ohne Blitz: 400–800	Tageslicht, Blitzlicht: 100–200

Einstellgrößen in exemplarischen Zahlenwerten

Große Blende 1,8–4	**Mittlere Blende 5,6–11**	**Kleine Blende 16–22**
Weniger Schärfentiefe, viele Unschärfen. Bei entsprechendem Objektiv kann eine Raumebene scharf eingestellt werden.	Mittlere Schärfe, auch hier kann bei entsprechendem Objektiv eine Raumebene scharf eingestellt werden.	„Schärfentiefe" = Schärfe bis weit in den Bildhintergrund. Alle Objekte erscheinen gleichwertig.

Faustregeln zu Bildwirkungen von Einstellungen und Blendeneinstellungen

Brennweite Tele: 70–300 mm	Normal: 50 mm	Weitwinkel: 28mm
große Nähe zum Objekt, keine Verzerrung bei Porträts, weniger Lichtdurchlässigkeit	entspricht unserem Blickwinkel	erweiterter Blickwinkel, Verzerrung im Nahbereich

Belichtungszeit lang: 1–1/30 Sek.	1/60–1/250 Sek.	kurz: 1/500–1/1000 Sek.
verwischte Konturen bei Bewegungen von Kamera oder Objekt	natürlicher Eindruck eines Standbildes	bewegte Objekte wirken wie eingefroren

Filmmaterial hoch empfindlich iso 1600–3200	mittlere Empfindlichkeit iso 800–400	geringe Empfindlichkeit iso 200–100
Körnigkeit, wirkt wie gerastert, ermöglicht Aufnahmen ohne Blitz	Filmmaterial für alle Fälle und mittlere Belichtungssituationen	feinkörnig, hohe Auflösung

Faustregeln zu den Bildwirkungen der Einstellgrößen bei Kleinbildkameras

2.2 Geschichte der Fotografie

Der Wunsch des Menschen, ein Spiegelbild des Lebens im Bild festzuhalten oder ein Porträt zu erhalten und weitergeben zu können, ist sicher schon sehr alt. Beides konnte über Jahrtausende hinweg nur die bildende Kunst leisten. Nach 1800 aber reift die Zeit für das neue Medium Fotografie heran, die Beschäftigung mit Phänomenen der Optik, der Mechanik und der Chemie schafft die Bedingungen.

Vorgeschichte

Das Prinzip der *Lochkamera (Camera obscura)* zählt zu den ältesten Errungenschaften aus der Vorgeschichte der Fotografie. Sie beruht auf dem Effekt, dass Lichtstrahlen, die man durch ein sehr kleines Loch in einen völlig abgedunkelten Raum schickt, auf der dem Loch gegenüberliegenden Wandseite all das klar abbildet, was sich außen vor dem Raum im Licht befindet.

Dieses Wissen hat schon ARISTOTELES, doch erst DA VINCI schafft die Voraussetzungen für eine Apparatur ***(Camera lucida)***, durch die dieses Phänomen praktisch, z. B. als Zeichenhilfe für Künstler, anwendbar wird.
Viele andere ähnlich illusionistisch arbeitende Apparaturen – z. B. die so genannte ***Laterna magica*** und das ***Panorama/Diorama*** (erste Vorfahren unseres Diaprojektors), stellten im 18. und 19. Jh. beliebte Formen der allgemeinen visuellen Unterhaltung dar.
Auf wissenschaftlicher Seite gelangt die Optik bei der Herstellung von Linsen zu guten Ergebnissen, und Chemiker der Zeit finden die Lichtempfindlichkeit der Silbersalze bereits um 1727 heraus. Doch sucht man noch fast 100 Jahre nach Fixiermitteln für den Schwärzungseffekt, bis TALBOT entsprechende Wege findet.

2

Frühe Verfahren

NIEPCE zählt zu den drei Forschern, denen die Erfindung der Fotografie zugesprochen werden kann. Von ihm stammt 1826 die erste erhaltene fotografische Aufnahme der Welt, die einen Blick aus seinem Arbeitszimmer zeigt. Dieses 16,5 x 21 cm große Bild (von ihm ***Heliographie*** genannt) entsteht auf einer lichtempfindlich asphaltbeschichteten Zinnplatte mit einer Belichtungszeit von über acht Stunden. Entwickelt wird sie mit Lavendelöl, das die nicht durch das Licht gehärteten Bildstellen wieder von der Metallplatte löst.
Etwa zeitgleich entwickelt DAGUERRE ein weiteres, besonders praktikables Verfahren: Seine mit einer lichtempfindlichen Jodsilberschicht überzogenen Kupferplatten werden in eine ***Camera obscura*** gelegt und brauchen dort nur einige Minuten belichtet zu werden. Das nicht sichtbare Bild wird dann in einem anderen verschließbaren Kasten durch Quecksilberdämpfe entwickelt, fixiert wird in einem lauwarmen Salzwasserbad. Lange Zeit beeindrucken diese silbrig glänzenden, seitenverkehrten Unikate ***(Daguerreotypien)*** die Bürger so sehr, dass andere Verfahren sich nicht recht verbreiten. Der geschäftstüchtige DAGUERRE sorgt für eine rasche Verbreitung seiner Erfindung. 1839 schließt der französische Staat mit beiden Pionieren der Fotografie einen Vertrag, der ihnen eine lebenslange staatliche Versorgung zusichert. Der Vertrag ermöglicht aber vor allem die allgemeine Nutzung der Erfindung. So kann sich die neue Technik verbreiten und stetig verbessert werden.
In England erfährt ein weiterer Forscher auf dem Gebiet der Fotografie von den Entdeckungen: TALBOT hat bereits 1834 erste Versuche mit lichtempfindlich beschichtetem Papier gemacht, bis er 1840 jenes Positiv-/Negativ-Verfahren ***(Kolotypie/Talbotypie)*** entwickelt, auf dessen Grundlage alle späteren modernen Aufzeichnungsverfahren beruhen. TALBOT findet geeignete Substanzen zur Sensibilisierung des Fotopapiers, welche die Belichtungszeit auf wenige Sekunden senken, und er erfindet eine Methode, mit

der er aus dem entstandenen Papiernegativ in einer Art Abklatschverfahren positive Kontaktkopien ziehen kann.
Begünstigt durch die begeisterten Presseberichte, verbreitet sich die Fotografie rasend schnell. Der soziale Aufschwung des Bürgertums, die neue Ästhetik der Fotografie und die Möglichkeiten ihrer massenweisen Verbreitung beeinflussen die weitere Entwicklung positiv.

In der Jahrhundertmitte steht das ***nasse Kollodiumverfahren*** von ARCHER am Anfang einer neuen Ära der Entwicklung. Dieses Verfahren setzt zwar im Außenbereich immer die Mitführung einer schweren, sperrigen Dunkelkammerausrüstung voraus, weil darin die feuchte Beschichtung der Glasplatten vorbereitet wird und nach der Aufnahme direkt die Entwicklung vonstatten gehen muss. Doch der Vorteil, Momentaufnahmen mit Belichtungszeiten unter einer Sekunde in bester Schärfe zu fertigen, gilt als so revolutionär, dass er die Mühen buchstäblich aufwiegt. BISSON z. B. schreckt 1862 nicht vor einer Besteigung des Montblanc mit schweren Lasten zurück: 25 Träger und drei Anläufe waren nötig, um die neuartigen fotografischen Landschaftsbilder zu realisieren.
In der Folgezeit geht es vor allem um eine Verkleinerung der Kameras und eine Vereinfachung des fotografischen Verfahrens, um jedermann die neue Technik verfügbar zu machen.
Ab 1880 erreicht die Fotografie eine Unkompliziertheit, die endgültig zur allgemeinen Verbreitung beiträgt: Man ersetzt die Kollodiumschicht durch eine Gelatineemulsion, sodass das ***Trockenplattennegativ*** die Fotografen von der Last der mitzuführenden Dunkelkammer befreit und die Aufnahme von der chemischen Aufbereitung trennt. Die Kamera selbst wird im Gewicht verringert, weil leichteres Trägermaterial wie das Zelluloid die Glasplatte verdrängt. Somit vereinfacht sich die Beweglichkeit der Kamera, die Anzahl der Aufnahmen sowie die Art ihrer Motive kann sich verändern. Außerdem werden Linsensysteme und Verschlussmechaniken stetig verfeinert, was die Kameraleistungen erheblich verbessert.

Etwa ab 1888 präsentiert der Amerikaner EASTMAN mit der Kamera *Kodak Nr. 1* den Slogan: „You Press the Button. We Do the Rest." Beim Kauf ist diese einfache, handliche Kamera bereits mit einem Film bestückt, zum Entwickeln schickt man sie dann ein, die runden Bilder werden entwickelt, abgezogen und die Kamera wird für 10 Dollar neu mit Filmmaterial geladen. Mit dieser Schnappschusskamera knipsen Amateure nun alle erdenklichen Bildmotive. Doch auch viele Künstler bedienen sich der Kamera als Aufzeichnungsmedium oder als Mittel des Sehens – Zola oder Strindberg als Autoren ebenso wie die Maler DEGAS, BONNARD u. a.

Der Wunsch nach der ***Farbfotografie*** ist alt. Schon 1868 erhält DUCOS DU HAURON ein Patent für Farbverfahren: Er belichtet die Kollodiumplatten mit Auszugsfiltern in den drei Grundfarben und legt die entstehenden Pigmentdias passgenau übereinander. Die Aufnahme eines farbenprächtigen ausgestopften Hahns aus dem Jahre 1877 zählt zu den ältesten Farbfotografien. Das Problem der Farbwiedergabe auf einer Bildebene beschäftigt zahlreiche Forscher bis ca. 1904, als die BRÜDER LUMIÈRE ein entsprechendes Verfahren vorweisen können. Die Entwicklung des Dreischichtenfarbfilms von Kodak & Agfa stellt 1936 den allgemeinen Durchbruch in der Farbfotografie dar.
1942 wird von EDWIN H. LAND ein Patent für ein ***Sofortbildverfahren*** angemeldet und fünf Jahre später nach einigen Verbesserungen der Weltöffentlichkeit vorgestellt. Ab 1960 präsentiert LAND auch das erste farbige Sofortbild.

2

Bei der Kameraentwicklung beschäftigt man sich ab Ende der 50er-Jahre mit ***Zoomobjektiven.*** Sie sollten dem Fotografen das umständliche Wechseln von Linsensystemen ersparen und somit noch mehr unmittelbare Handlungsfähigkeit beim Fotografieren erzeugen. In den 60ern forscht Canon besonders im Bereich der Autofokustechnik.
Auch das Einlegen von Filmmaterial soll erleichtert werden durch ***Kassettenfilme,*** wie sie Kodak und Agfa etwa ab 1963 anbieten. 1973 präsentiert man mit der Rolleiflex SLX die erste vollelektronische Kamera.

Aus der ***Videotechnik*** heraus entwickelt sich in den 80ern allmählich ein Kameratypus, der es ermöglicht, mit einem Gerät bewegte und stillstehende Bilder aufzunehmen.
1991 stellt Kodak mit DCS, dem *Digital Camera System*, eine erste hochauflösende, professionelle elektronische Form der Bildaufzeichnung vor. Ab Mitte der 90er-Jahre wird diese digitale Fototechnik dann auch im Amateurbereich eingeführt.
Wenn man bedenkt, dass man heute mit einem Smartphone Bilder aufnehmen und in Sekundenschnelle elektronisch um die Erde versenden kann, so wird deutlich, wie der „Traum vom technisch erweiterten Sehen" Wirklichkeit geworden ist.

Fotokünstler und Reporter

Einer der bedeutendsten frühen Fotografen ist TOURNACHON, bekannt unter dem Namen NADAR. Sein 1853 in Paris eröffnetes Fotostudio wird zum Treffpunkt der Bohème, nicht zuletzt, weil dort 1874 die erste Ausstellung der Impressionisten stattfindet. NADAR erkennt wohl als einer der Ersten die öffentliche Wirksamkeit des neuen Mediums, fotografiert die Künstler und

Berühmtheiten seiner Zeit, entdeckt aber auch ganz neue Bildthemen, wie seine Bilder aus den Katakomben und der Kanalisation von Paris zeigen.
Ein Gegenspieler NADARS mit Namen DISDÉRI bedient den sich explosionsartig vergrößernden Markt mit Fotos aus einer regelrechten Porträtindustrie. Sein Erfolg rührt aus der genialen Idee, idealisierende Bildnisse auf ein damals übliches Visitenkartenformat zu verkleinern. So sammeln die Leute nicht nur die Porträts aus der eigenen Familie, sondern vor allem auch Fotos von damaligen Berühmtheiten.

In England macht der Verfasser von *Alice im Wunderland* CARROLL sich auch mit seinen besonders ausdrucksstarken, zahlreichen Kinderporträts einen Namen.
Ab 1863 beginnt die Frau eines wohlhabenden Beamten, CAMERON, zu fotografieren. In ihren Bildern aus der Viktorianischen Zeit beschäftigt sie sich mit der Darstellung möglichst unverfälschter und dennoch schöner Wirklichkeit. Ein wenig wendet sie sich damit auch gegen die sich verbreitende Technik der Bildkomposition im Labor, bei der Negative miteinander neu kombiniert wurden (LE GRAY ist hierbei als wichtiger Vertreter zu nennen).

Mit dem Aufkommen der Fotografie verändert sich auch die Arbeitsweise der Maler: DELACROIX, INGRES, COROT, COURBET benutzen Fotografien als Hilfsmittel für ihre Malerei. Auch bei späteren Malern wie MUNCH, VUILLARD und KIRCHNER bleibt die Kamera Instrument der Bildwahrnehmung.
Um 1900 beschäftigt man sich stark mit der Frage nach der Kunstwürdigkeit der Fotografie, wobei es eine Art Richtungsstreit gibt, als es um die Abbildungsgenauigkeit geht. 1889 proklamiert EMERSON die Unschärfe, die Bilder einen besonders weichen, fast malerischen Ausdruck verleihen. Die Rodin-Porträts von STEICHEN sind gute Beispiele für diese Art der malerisch-atmosphärischen Fotografie. STEICHEN fotografiert ab 1923 auch für Modezeitschriften wie die *Vogue* und für die Werbung. Seit 1902 arbeitet er mit STIEGLITZ zusammen in der *Photo-Secession* und gründet mit diesem eine der ersten Fotozeitschriften *Camera work*. STIEGLITZ proklamierte mit seiner ***Straight Photography*** den Grundsatz der unverfälschten Fotografie. Mit ihrer gemeinsamen, avantgardistischen *Gallery 291* fördern beide eine Reihe von jungen Fotografen, die später sehr erfolgreich werden.

Es gibt jedoch auch eine Reihe von Fotografen, die sich besonders für das Medium als Mittel der ***Dokumentation*** interessieren. Der Soziologe HINE erkennt, dass er seine Erkenntnisse über die sozialen Missstände in Amerika mittels Fotografie am besten verbreiten kann. Bekannt wird er mit seinen Bildern von den Zuständen auf der Einwandererinsel Ellis Island ebenso wie

von den Bedingungen der Kinderarbeit oder Wohnverhältnissen in den New Yorker Slums. Mit der Rassenproblematik beschäftigen sich CURTIS und VROMAN (Indianer) und VAN DER ZEE *(Black People in Harlem).*
Auch in Europa interessieren sich die Fotografen um die Jahrhundertwende allmählich für den Alltag von Menschen, die im Schatten der Gesellschaft stehen. In Berlin z. B. richtet ZILLE seinen eher mitfühlenden, warmen Blick als Zeichner, Texter und Fotograf auf das Leben in den Mietskasernen.
SANDER interessieren eher traditionelle Lebensweisen. Indem er das bäuerliche Leben im Westerwald fotografiert, zeichnet er ein Bild von der Härte des Daseins, welches sich tief in Gesichter und Haltung der Porträtierten gegraben hat. Schließlich versucht er, mit seiner fotografischen Arbeit eine systematische Typologie der Deutschen zu erfassen, indem er mit starkem Realitätssinn Persönlichkeiten aus unterschiedlichen Landstrichen, Berufsgruppen und Gesellschaftsschichten ablichtet.
In Paris fotografiert der Autodidakt ATGET ab 1898 hauptsächlich Straßen, Läden, Schaufenster, Parks, Denkmäler, Brunnen und Menschen der Vorstädte. Dabei erweist er sich als Sammler, der alles aufbewahrt, was ihm interessant scheint – und dabei einen besonderen Blick für die Poesie des Alltags beweist. Wirklich entdeckt wird ATGET aber erst nach seinem Tod, als die amerikanische Fotografin ABOTT seinem Nachlass die gebührende Anerkennung verschafft.
In den 20er-Jahren entwickelt sich in Amerika unter der Führung von STIEGLITZ, STEICHEN und ihrer Fotografen-Akademie eine selbstbewusste Form der Fotografie. Die ***Straight Photography*** will mit besonderem Einsatz von Bildausschnitt, Lichtregie und einer sachlichen Haltung gegenüber dem Gegenstand die eigene Ästhetik der Fotografie betonen. STRANDS Bilder von gesellschaftlichen Randgruppen zeigen daher stärker formales als soziales Interesse. Wer je WESTONS *Pfeffer-Schote* (1930) gesehen hat, der versteht vielleicht am besten, wie der Gegenstand mit seiner Form und Ausdruckskraft in einer Art von abstrahierender Fotografie neu gesehen werden kann. Seiner Meinung nach muss jeder Fotograf schon vor der Aufnahme ein genaues Bild vom Ergebnis im Kopf haben, um die später sichtbare Wirkung erreichen zu können. WESTON gründet die Fotografenvereinigung ***f/64*** (= schärfste Blendeneinstellung).
In Europa sorgt die nach dem Ersten Weltkrieg einsetzende Veränderung der fotografischen Sehweise unter Namen wie ***Neues Sehen*** oder ***Neue Sachlichkeit*** für Furore: Tabus der bisherigen Darstellungsweisen werden gebrochen. Besondere Detailansichten, Kontraste und extreme (Frosch-)Perspektiven kennzeichnen das neue Foto-Auge.
Einer der ersten Vertreter dieser Form der Fotografie ist RENGER-PATZSCH. Für ihn, wie auch bei anderen Vertretern der Schule, ist die streng sachliche

Abbildung von Objekten, Pflanzen (BLOSSFELDT), Maschinen, Industrieanlagen von besonderer Bedeutung. Doch auch auf die Porträtfotografie wirkt sich das Neue Sehen aus: Auf der einen Seite stehen streng sachliche Fotografien wie bei SANDER. Andererseits bemüht man sich, auch bisher unbekannte Aspekte bekannter Personen herauszustellen. MAN RAY experimentiert mit dem Einsatz unkonventioneller Licht- und Dunkelkammertechniken. RODTSCHENKO sucht extreme Perspektiven, andere versuchen es mit Überblendungen. Beide Bewegungen – in Europa und Amerika – fördern das Verständnis über das Wesen der Fotografie ganz wesentlich.

Mit Beginn der 30er-Jahre müssen sämtliche politische Bewegungen der Zeit mit modernen Massenmedien um Einfluss und Macht kämpfen. Am erfolgreichsten sind dabei die italienischen Faschisten, die sich in einem breiten Medienmix in modernster Form präsentieren, ja sogar Kunst ***(Futuristen)*** und Design in ihren Bann ziehen können. Die Avantgarde der jüdischen Bildjournalisten in Deutschland dagegen wird bald ihrer Posten enthoben; ausdrücklich aber sind Fotografie und Film als moderne Medien der Massenbeeinflussung anerkannt und sollen zur ideologischen Manipulation der Bevölkerung genutzt werden – so geschehen mit dem Dokumentarfilm *Triumph des Willens* von LENI RIEFENSTAHL über den 6. Reichsparteitag der NSDAP 1934 in Nürnberg. In der stalinistischen Propaganda sind Retuschen missliebiger Personen und Details gängige Praxis, ja oft genug verschwinden die Menschen aus den Bildern.
Für amerikanische Fotografen rückt die Entdeckung des Alltags in den Mittelpunkt des Interesses. Die direkte Aufnahme der Ereignisse so unmittelbar wie möglich abbilden zu können, dieser Idee entspricht zuerst die Programmatik des New Yorker Wochenmagazins *LIFE* (darin vergleichbar mit der französischen *Vu* oder der englischen *Picture Post* bzw. *Weekly Illustrated*). Dem New Yorker Pressefotografen WEEGEE gelingt mit seinen Blitzlichtaufnahmen ein Stil der ***Livefotografie,*** der die Gewalttätigkeit der Metropole besonders hart darstellt.
Ab Mitte der 30er- und in den 40er-Jahren führt die Suche nach den direkten Bildern die Journalisten auf alle Kriegsschauplätze der Welt. CAPA dokumentiert das Grauen des Krieges; er scheut sich nicht, das Sterben eines Soldaten im spanischen Bürgerkrieg gerade im Moment des Kugelhagels aufzunehmen. CAPAS selbstzerstörerische Art, so nah wie möglich an das Geschehen heranzugehen, begründet seinen Ruhm als Fotograf – besonders auch im Zweiten Weltkrieg. Er stirbt, als er 1954 während des Indochinakrieges in Vietnam auf eine Mine tritt. Seine Arbeitsweise löst eine bis heute andauernde Debatte über einen Bildjournalismus aus, der den Fotografen absolut schonungslos „Bilder um jeden Preis“ abzuverlangen scheint.

Wichtige Arbeiten entstehen auch fernab der großen Illustrierten. Die Fotografie wird zum visuellen Tagebuch des Flaneurs, der mit unbestechlichem Auge zum stillen Beobachter politischer oder sozialer Entwicklungen wird. Für BRASSAI und KERTESZ wird Paris zum Schauplatz poetischer Aufnahmen, in denen sich Alltägliches verdichtet. Einer der größten Meister beim Festhalten des „entscheidenden Augenblicks" ist bis heute CARTIER-BRESSON, der mit seiner Leica in allen Teilen der Welt als aufmerksamer Beobachter in der Lage war, menschliches Erleben und die Schönheit gewöhnlicher Augenblicke in besonderer Form (vor allem mit meisterhafter Bildkomposition) sichtbar zu machen.

2

In den 40er- und 50er-Jahren kommt es vor allem in den USA zu einer explosionsartig anwachsenden Werbung für Konsumgüter, auch um das Wirtschaftswachstum anzukurbeln. Fotografie spielt dabei eine gewichtige Rolle. Modeillustrierte wandeln sich zu Gesellschaftsmagazinen: BEATON inszeniert und arrangiert seine Modelle, HORST entwickelt sich zum Meister schlichter Eleganz, der perfekten, klassischen Pose und des dramatischen Lichts. Schließlich avanciert BLUMENFELD mit ca. 100 Titelseiten des Hochglanz-Journals *Vogue* zum höchstbezahlten Modefotografen Amerikas. AVEDONS Modebilder leben von Reiz ungewöhnlicher Orte bei höchstmöglicher Eleganz der Pose. PENN dagegen fotografiert einfache Stillleben und seine Modelle in leeren Räumen – direkt, stark in der optischen Wirkung (besonders auch durch Einsatz von Farbe). Er versteht Luxus eher als ein Form der Askese.

Der Depression nach Kriegsende in den USA folgt bald schon ein aufkeimendes Interesse für die Eigenarten anderer Kulturen. Der Begriff „Human Interest" bezeichnet die daraus erwachsenden Themengebiete der Fotografen, die zunehmend persönliche Intentionen in ihren Bildern verfolgten. DOISNEAU porträtiert die Pariser Straßenszenen mit warmherzigem Humor. Auch EISENSTAEDT, den u. a. der scheinbare Schnappschuss von einem ausgelassenen Kuss während der Siegerparade auf dem New Yorker Times-Square berühmt gemacht hat, fotografiert nach Kriegsende gern Menschen in Alltagssituationen.

In den 60er-Jahren geht die New Yorkerin ARBUS sehr weit, als sie sich nach langjähriger Arbeit als Modefotografin von der Welt des schönen Scheins verabschiedet, um erschütternde Porträts von Außenseitern der Gesellschaft aufzunehmen.

In den 60er- und 70er-Jahren erlebt die Fotografie mit der Pop-Art eine gewisse Banalisierung des Mediums: Fotos werden in seriellen Arbeiten (WARHOL), in Collagen oder als Malvorlagen überarbeitet. Im Gegensatz dazu werden sie bei den ***Hyperrealisten*** (ESTES, CLOSE, RICHTER) zum Ausgangspunkt von malerischer Virtuosität, oder man dokumentiert mit Foto-

grafien die ***Aktionskunst*** (Vostell, Beuys, Rainer, Schult). 1972 erhält die Fotografie auf der „documenta 5“ ihre endgültige Anerkennung als eigenständiges künstlerisches Medium.
In den 70er- und 80er-Jahren begibt man sich erneut auf die Suche nach neuen Sichtweisen. Das Ehepaar Becher wendet sich konsequent der Produktion von Fotoreihen zu, fotografiert Wasser-, Fördertürme oder Gasbehälter nach einem so strengen Schema, dass die nüchterne Eigenart solcher Industriekultur neu betrachtet werden kann. In Arbeiten von Gursky, Struth, Schink scheint dieser scheinbar teilnahmslos registrierende Blick fortzuleben.
Jeff Wall ist im kanadischen Vancouver Professor an der Kunstakademie. Sein Wissen um die Geschichte der Kunst hilft ihm dabei, Alltagsthemen mit dem modernen Medium Fotografie auszudrücken und dabei das Foto zu einem künstlerischen Medium aufzuwerten. Seine von der Außenwerbung übernommene Bildpräsentation in riesigen Lichtkästen bewirkt, dass uns das Bild in einer Art Aura entgegenkommt. Seine Landschaftsbilder, Fotografien von Alltagsszenen und modernen Genredarstellungen sind keine journalistischen Fotos, sondern Imitationen der Wirklichkeit, die immer eine vorherige Konzeption benötigen und dann im Computer bearbeitet werden. Verstörend wirken die digital ausgelöschten Gesichter bei Aziz und Cucher (90er-Jahre) oder die Arbeiten von Morimura, die das Verhältnis von Echtheit und Künstlichkeit im „Zeitalter der Fotografie nach der Fotografie“ (Amelunxen) auszuloten scheinen.

2.3 Film und Video

Handlung, Zeitlichkeit, Multimedialität

Die Gebundenheit an reale zeitliche Vorgänge bildet die Besonderheit des Films. Der Film lebt durch die in ihm enthaltene gegliederte Aktion. Dabei legen Regisseur und Drehbuchautor die Handlung eines Films grundsätzlich fest. Im Zusammenspiel mit Kameraleuten, Cuttern, Tonmischern, Darstellern u. a. entsteht ein vielfältig gestaltetes Geflecht. Der so entstehende Film zielt im Allgemeinen darauf ab, den Zuschauer an einem Anfangspunkt abzuholen und ihn auf einen Weg durch das Geschehen mitzunehmen, das Ende schließt meist den Verlauf eines sog. Spannungsbogens dramaturgisch ab (z. B. Happy End). Gespielt wird mit Erwartungen, Ängsten, emotionalen Werten genauso wie mit Vorahnungen der Betrachter.
Die Wirkung der Bilder kann aufgrund der multimedialen Struktur des Filmmediums durch Ton (Audiospur) verstärkt werden: Stimmen, Geräusche und Musik. Durch Stimmen kann der emotional-informative Inhalt der Szenen

intensiviert und verdeutlicht werden. Geräusche können ebenfalls Aufschluss über die Stimmungen und Eigenschaften etwa von Orten und Personen geben, Musik zielt in besonderem Maße auf das Gemüt. Spannungen werden erzeugt, Emotionen aufgepeitscht, das Publikum wird beruhigt oder erschreckt.
Film hat die Möglichkeit, emotionale und rationale Informationen in komplexer Art und Weise zu verknüpfen und Menschen zu beeinflussen. Hierin liegt eine Chance für künstlerischen Ausdruck. Gleichzeitig lauert jedoch in dieser Totalität des Mediums eine große Gefahr. Durch Fernsehen, Film und Filmwerbung können Menschen dazu gebracht werden, unbewusst Deutungen und Werturteile anzunehmen, die der Regisseur bestimmt. Dies geschieht häufig bei Werbefeldzügen, Propaganda, gefälschten Dokumentationen (Kriegsberichte, Skandale).

Bewegung

Im Medium Film finden sich viele der bereits erwähnten künstlerischen Darstellungsmittel vor allem der Fotografie wieder: Wahl des Bildausschnitts, Bildkomposition, Perspektive, Blickwinkel, Farbkomposition, Farbsymbolik. Damit wird deutlich, dass es sich bei dem Film in erster Linie um ein aus der Malerei und Fotografie erwachsenes Bildmedium handelt.
Zur Darstellung „bewegter Bilder“ macht sich die Filmtechnik einen Effekt zunutze, der auf die Verarbeitung von Bildwahrnehmungen im Gehirn zurückzuführen ist. Sieht das menschliche Auge viele Bilder schnell hintereinander, so ergibt sich für das Bewusstsein ein Zusammenhang zwischen ihnen. Verwendet man 24 Bilder pro Sekunde, um einen Ablauf darzustellen, ist das Auge überfordert und erkennt die Vereinzelung der Bilder nicht mehr. Im Gehirn werden die einzelnen Bilder zu einer Bewegung zusammengefasst.

Auf diesem Sachverhalt fußt die gesamte Filmtechnik. Die Filmaufnahmen werden durch die Kameras in 24 oder 25 Bilder pro Sekunde zerlegt. Filmisch spricht man von ***Einzelbildern*** oder ***Frames*** (Dia-Rahmen) pro Sekunde. Die digitale Technik verwendet meist 50 Halbbilder, die dann wieder zu Vollbildern zusammengesetzt werden. Manchmal werden auch nur 12 oder weniger Frames pro Sekunde eingesetzt, dies bewirkt den ***Zeitlupen-*** oder ***Stroboskopeffekt*** und gibt einer Szene dadurch den eigenen Reiz.

Einstellungen und Schnitt

Die beiden Medien Film und Fotografie sind in Bezug auf die Erzeugung von Bildern so eng verwandt, dass bei diesem Thema auf die entsprechende Stelle bei Fotografie verwiesen sei (▶ S. 74 ff.).

Unterschiede entstehen jedoch hinsichtlich des bewegten Bildes. Die Kamera kann – während sie aufnimmt – bewegt werden und auf diese Weise mehrere Informationen transportieren, die für die Wahrnehmung von Handlung und Geschehen von zentraler Bedeutung sind.

Klassische Gestaltungsmittel sind:

Einstellungsgrößen

- *Totale:* zeigt einen Gesamtüberblick über die Szenerie
- *Halbtotale:* führt mehr an das Geschehen heran
- *Nahaufnahme:* zeigt interessante Details

Kamerabewegungen

- *Vertikalschwenk:* zwischen links und rechts
- *Horizontalschwenk:* zwischen oben und unten
- *Zoom:* zieht den Blick in eine Szene hinein
- *Aufzieher:* zieht aus der Szene heraus
- *Kamerafahrt:* tatsächliches Fahren der Kamera
- *Subjektive Kamera:* filmt aus Sicht des Akteurs

Die Aufnahmen werden erst im ***Schnitt*** zum eigentlichen Film zusammengeschnitten. Die Bilder und ihre Aufeinanderfolge werden harmonisiert, in Rhythmus gebracht sowie Handlungsabläufe dramatisiert und fein abgestimmt. Dies geschieht heutzutage am AVID oder an einem anderen Schnittcomputer. Verwendet wird eine Videoschnittsoftware mit mehreren Film- und Tonspuren, die getrennt voneinander behandelt werden können. Zwischen ihnen werden Schnittpositionen und Blenden gesetzt. So entstehen aus vielen kleinen Filmschnipseln ***(snippets)*** zusammenhängende Szenen und Filme. In der ***Nachproduktion (post production)*** können am Schnittplatz Bilder noch verändert, ihre Farbigkeit, Dauer, Schärfe usw. beeinflusst werden. Heutzutage bekommt der digitale Trickfilmeffekt einen besonderen Stellenwert – kaum ein größerer Kinofilm, der nicht durch ***Trickeffekte*** am Computer verändert worden ist. Neben der Nachgestaltung der gedrehten Bilder geht es um ***Animationen,*** die nur im Computer generiert werden. Als einer der ersten fast voll computeranimierten Filme ist *Star Wars Episode I* in die Filmgeschichte eingegangen.

Filmproduktion

Zur Verwirklichung eines erfolgreichen Filmvorhabens müssen ganz unterschiedliche komplexe Problemfelder sowohl gemeinsam als auch getrennt voneinander behandelt werden.

Die wichtigsten sind:

- Sendeanstalt/Filmverleih-Unternehmen
- *Produktion:* Organisation, Finanzierung, redaktioneller Einfluss
- *Drehbuch:* Festlegen der Handlungsstränge und der szenischen Abläufe
- *Regie:* Umsetzung des Drehbuchs, Einweisen der Schauspieler
- *Kamera:* Wahl der genauen Bildausschnitte, Bedienen des Gerätes vor Ort, Überprüfen der Einstellungen, Mithilfe beim Licht
- *Kameraassistenz:* Kamerapflege, technische Versorgung der Kameraleute (Zubehör, Kran, Licht, Ton)
- *Toningenieur:* bestmögliche Abnahme des Tones durch Mikrofone, Angel, Ansteckmikrofon, Beachten der Geräuschkulisse (Wind)
- *Licht:* Ausleuchtung der Darsteller und Szenerien, Unterstützen der erwünschten Effekte (enge Zusammenarbeit mit Kamera) mithilfe verschiedenartigster Beleuchtungstechniken, z. B. direkte Hervorhebung durch Spotlichter, Lichtumleitung durch Reflektoren, gezieltes Gegenlicht

2.4 Grafikdesign und künstlerische Grafik

Grafikdesign, früher Gebrauchsgrafik genannt, ist die Kunst der Gestaltung kommunikativer Produkte, zunächst eingeschränkt auf drucktechnische Erzeugnisse, seit der Entwicklung neuer Medien wie Film und Internet aber auch auf bewegte und digitale Kommunikationsformen bezogen. Die Bezeichnung Grafikdesign wurde 1922 von dem amerikanischen Designer Dwiggins geprägt, als er nach einem Begriff suchte, um seine Tätigkeit zu beschreiben.

Die Einsatzgebiete des Grafikdesigns unterscheiden sich nach Medium (Print, TV, Internet, Plakat, Beschilderungen) und Zielsetzung (Werbung, Propaganda, Sachinformation).
Medien sind gesellschaftlich installierte Informations- und Kommunikationssysteme, durch welche ausgewählte Zielgruppen (Adressat) von interessierten Akteuren (Sendern) zu gegebener Zeit mit relevanten Botschaften, Information und Beeinflussungen konfrontiert werden. ***Massenmedien*** wenden sich an ein heterogenes Massenpublikum.

Die Ziele der medialen Botschaften sind unterschiedlich: Werbung versucht Kunden an Produkte zu binden, ***Propaganda*** dient der Manipulation politischer Stimmungen oder Einstellungen, während neutrale Sachinformationen lediglich Sachverhalte erklären und Orientierungshilfe bieten.

Ein Gestaltungsauftrag im Abwicklungsprozess		
	Kunde	**Designer/Agentur**
	Kommunikationsproblem	
Problemphase	Problembeschreibung Anfrage →	Auftragsbeschreibung Beratung Angebot
	Auftragserteilung ←	
Entwicklungs-phase		Ideenentwicklung (z. B. mit Mindmapping) Lösungsauswahl Skizze Entwurf Präsentation
	Entwurfsabnahme ← Kritik oder Zustimmung →	Neuentwurf oder Abänderung erneute Präsentation
	Entwurfsabnahme ← Kritik oder Zustimmung →	usw.
	Zustimmung ←	
Umsetzungs-phase		Reinzeichnung Werkzeichnung Umsetzung
	Korrektur ←	
	→	Korrektur-Einpflege
	Freigabe ←	
	→	Datenweiterverarbeitung Druckvorstufe Website Programmierung usw.
	Kommunikationsprodukt	

Der Ausbildungsberuf nennt sich Mediengestalter (früher gab es Setzer, Retuscheure und Reprografen), das Studium heißt Grafikdesign oder Kommunikationsdesign (Abschluss Diplom-Designer, Bachelor of Arts oder Master of Arts).

In die Welt des Grafikdesign gehören auch die Begriffe ***DTP*** (Desktop-Publishing), ***Visuelle Kommunikation*** und ***Corporate Design,*** die jedoch nicht synonym zu Grafikdesign zu verwenden sind. Das ***DTP*** ist die moderne Methode der Herstellung druckreifer Vorlagen unter vollständigem Einsatz von Computertechnik. Es drückt aus, dass die früher komplizierten und aufwendigen Techniken der Druckvorlagenherstellung mittels Reprografietechnik und Fotochemie heutzutage trocken und auf dem Schreibtisch (engl. desktop) ausgeführt werden können. ***Visuelle Kommunikation*** nennt sich die an Hochschulen unterrichtete Lehre, welche sich theoretisch mit den Mechanismen der Übertragung visueller Botschaften auseinandersetzt.

Das *Corporate Design* (kurz *CD*) ist die Königsdisziplin des Grafikdesigns. Zum *CD* gehört das Entwerfen sämtlicher visueller Bestandteile eines Unternehmensauftritts, nämlich Logo, Hausschrift, Briefbogen, Visitenkarten, Schilder, Autobeschriftungen, Formulare, Broschüren, Anzeigen und Plakate bis hin zu Werbemitteln (Give-aways) und Uniformen von Angestellten. Das *CD* ist Bestandteil der Corporate Identity, die das Image einer Firma, also ihr Selbstverständnis und Handeln im wirtschaftlichen und gesellschaftlichen Raum beschreibt.

Zu den von Grafikdesignern entworfenen Kommunikationsprodukten gehören neben dem *CD* auch Magazine, Zeitungen, Urkunden, Briefmarken, Münzen, Schilder und Leitsysteme, Verpackungen, Fernsehbilder (Bildschirmseiten, Texteinblendungen bei Programmhinweisen oder Nachrichtensendungen), Kinofilme (Vor- und Abspann), Homepages, Software-Interfaces (▶ S. 98).
Ein Design, gleichgültig ob es ein Logo, ein Foto, eine Illustration usw. ist, wird zwar von einem Auftraggeber bei einem Grafikdesigner bestellt, ist aber durch ***Urheberrechte,*** Nutzungsrechte und Lizenzen zugunsten des Grafikdesigners als Rechteinhaber gesichert. Es darf also nicht ohne seine Zustimmung verändert oder von dritter Seite ohne Rücksprache übernommen und genutzt werden. Um seine Arbeit durch andere verwerten zu lassen, kann der Urheber – z. B. gegen Honorar oder im Arbeitsvertrag – anderen ein genau zu definierendes Nutzungsrecht an seinem Werk einräumen. Das ***Copyrightzeichen*** „©“ kennzeichnet den Inhaber des Urheberrechts.

Grafikdesign – Information oder Manipulation?

Grafikdesign ist formsprachliche Gestaltung von Kommunikation. Es zielt auf eine Verdichtung des Inhalts ab, welche die besondere Aufmerksamkeit des Betrachters hervorruft und die Information gleichzeitig verständlich aufbereitet und wertet.

Der Grafikdesigner gestaltet ***Layouts*** und setzt dazu eine Bandbreite von Zeichen und Ordnungsschemata ein, die Botschaften mittels kulturell und ästhetisch definierter Codes in Form von Bildern, Formen und Farben verschlüsseln. Die Botschaften werden von den Adressaten empfangen und lösen weitreichend unbewusste emotionale Reaktionen aus. Diese Reaktionen manipulieren den Adressaten, ohne dass er sich dem entziehen kann. Werbewirtschaft (und Propaganda) nutzen dieses Mittel, um Meinungen und Einstellungen zu beeinflussen. Meinungs- und Marktforschungsinstitute überprüfen die Wirksamkeit von Werbemaßnahmen mit den Methoden der Sozial- und Verhaltenspsychologie. Deren Untersuchungsergebnisse haben Rückwirkung auf die Entwicklung neuer Werbestrategien.
Zu den Gestaltungsmitteln gehören unter anderem ***Typografie*** (Schriftgestaltung), ***Abbild*** (Fotografie und Illustration), ***Form*** und ***Farbe*** in ihrer Eigenschaft als Zeichen, ***Piktogramm*** (Bildzeichen), ***Infografik*** und ***Markenzeichen*** (Signet, Logo).

Die ***Typografie*** ist für den Designer das entscheidende Element und stellt ihm in direkter Weise ein abstraktes, ästhetisch erlebbares Zeichensystem zur Gestaltung von Inhalten zur Verfügung. Schrift beeinflusst durch ihre Beschaffenheit und Ausdrucksweise subtil die Wirkung eines Textes. Sie verleiht diesem also einen emotionalen Ausdruck. Durch ihr Aussehen ruft sie verschiedenartige Eindrücke beim Leser hervor, denn sie kann eckig oder weich, leserlich oder unleserlich, dynamisch oder plump, grell oder dezent, nüchtern oder bizarr, schwer oder leicht, düster oder leuchtend, massiv oder zurückhaltend usw. wirken.

Das ***Abbild*** bietet Schlüssel zur Kernaussage des Inhalts von Botschaften (key visual). In der Formensprache des ***Layouts*** setzt man ***Fotografien*** oft als Mittel der Suggestion von Authentizität und Objektivität ein, während ***Illustrationen*** eher als künstlerisch-subjektive Ausdruckselemente verwendet werden. Der Illustrator gibt eine persönliche Interpretation des Kommunikationsgegenstandes. Zwar liefert der Fotograf ebenfalls eine subjektive Sichtweise auf das Motiv, aber sie gilt im Gegensatz zur gezeichneten oder gemalten ***Illustration*** eher als wahrhaftig und wirklichkeitsgetreu. Das ***Abbild*** hat häufig symbolische Funktion, zum Beispiel soll das lächelnde weibliche Model Eigenschaften wie Attraktivität, erotische Ausstrahlung und Vitalität auf den Kommunikationsgegenstand übertragen.

Formen und ***Farben*** helfen beim Ordnen und strukturieren das ***Layout,*** wirken unterschwellig und lösen beim Betrachter emotionale Reaktionen aus. Während das Dreieck zum Beispiel eher aggressiv und scharfkantig wirkt, drückt eine runde oder elliptische Form Geschlossenheit und Anpassungsfähigkeit aus. Punkte und Linien wirken ordnend oder störend, je nach ihrer Gestaltung und Anordnung. Raster bilden flächige Grundstrukturen, ohne die ein Layout nicht hergestellt werden kann. Farbpsychologische Wirkungen werden im Grafikdesign zur Steuerung der Aufmerksamkeit und Akzentuierung eingesetzt.

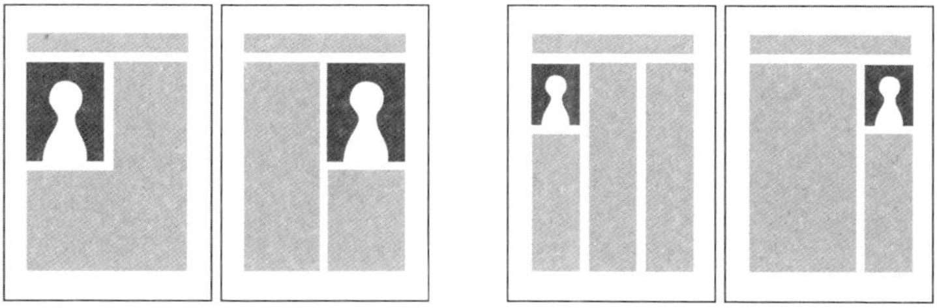

1-spaltig | 2-spaltig | 3-spaltig | 1-spaltig mit Marginalspalte

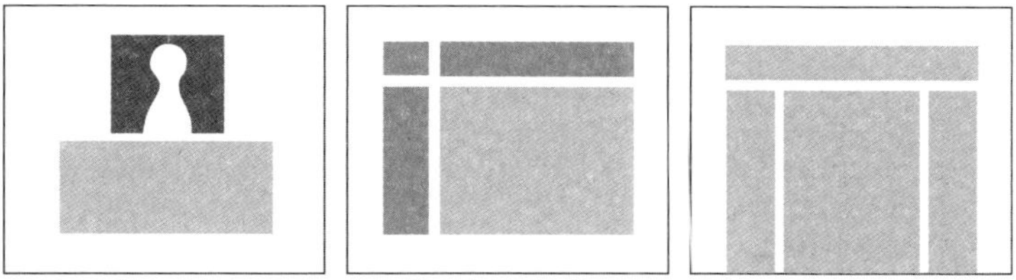

zentriertes Layout | 1-spaltiges Layout mit Navigationsleisten | mehrspaltiges Layout, z. B. bei Internet-Portalen

Unter einem ***Piktogramm*** versteht man die symbolische Abstraktion eines Begriffes, dessen bekanntestes Beispiel Strichmännchen an den Toilettentüren sein dürften. Weitere Beispiele sind die von ***Piktogrammen*** gesteuerten Leitsysteme an Bahnhöfen oder Flughäfen, die Reisenden das Zurechtfinden erleichtern sollen.
Das ***Signet*** oder ***Markenzeichen*** ist das Symbol einer Firma, einer Organisation, eines Produkts oder einer Dienstleistung. Es ist rechtlich geschützt und darf nicht ohne Zustimmung des Rechteinhabers genutzt werden. Es besteht entweder aus einem Bild bzw. einer Form *(**Bildmarke**)* oder einem Schriftzug *(**Wortmarke** oder engl. logo)* oder aus allen beiden Bestandteilen *(**Wort-Bildmarke**)*. Ein Markenzeichen wird zum Zeichen eines dahinterstehenden Begriffs, gleichgültig ob es ein Produkt oder eine Firma ist und kennzeichnet ihn als „Marke". Eine Marke vertritt ein von der Qualität seines Produkts abhängiges Image und sichert dem Abnehmer der Ware die Güte der Leistung zu. Eine weltweit bekannte Marke ist z. B. Apple.

Kreativität als Motor des Grafikdesigns

Als eine der maßgeblichen Eigenschaften eines Grafikdesigners gilt Kreativität. Sie fließt im Umfeld der Branche sogar in die Begriffswelt mit ein, denn die in Werbeagenturen und Designstudios Arbeitenden lassen sich gerne „Kreative" nennen. Kreativität als Forderung im Gestaltungsprozess beinhaltet den Ruf nach ungewöhnlichen Denkansätzen, neuen Formgebungen und herausragenden Lösungen. Kreativität darf nicht mit Intelligenz in einen Hut geworfen werden. Der Unterschied in der Denkungsart zeigt sich nach dem amerikanischen Psychologen Guilford darin, dass Intelligenz die besondere Befähigung beschreibt, auf einem schnellen Wege zu einer einzigen zwingenden Lösung zu gelangen (konvergentes Denken), während der kreative Ansatz nach vielen Möglichkeiten sucht, bevor er sich für eine Lösung entscheidet (divergentes Denken). Um kreative Denkprozesse in Gang zu bringen, hat u. a. der Lernpsychologe Buzan die Technik des ***mind-mappings*** entwickelt. Hier werden der Kern des Problems und sein Umfeld sowie mögliche Lösungsansätze assoziativ auf einer großen Tafel eingetragen und mit Verbindungslinien verknüpft. Dabei strebt das Verfahren nicht direkt ein Endresultat an, sondern versucht zunächst, die Umgebung der Aufgabe auszuloten. Ein geschickter Lösungsansatz offenbart sich dabei meist von einer unerwarteten Seite.

Grafikdesign als Kunst

Grafikdesign ist seinem Wesen nach die visuelle Gestaltung von Kommunikation, womit es dem klaren Zweck unterliegt, eine textliche Botschaft zu umkleiden. Das ***Layout*** kann zur Kunst werden, wenn man es von diesem Gebrauchszweck löst und seine Gestaltungselemente ästhetisch freisetzt.
Dabei ist Originalität als grundlegender Wesenszug der Kunst geradezu eine Kernforderung auch im Grafikdesign und dort insbesondere in der Werbegrafik. Obwohl nach aktuellen Studien nur etwa 4 bis 5 % der Werbung innovativ sind, kennt ein Werbegrafiker immer die neuesten Trends und berücksichtigt sie in seiner Arbeit. Originalität sichert Aufmerksamkeit und ist somit eine wichtige Eigenschaft erfolgreicher Werbung.

Zeiten großer Umwälzungen in Kunst und Gesellschaft führten zum Form- und Stilwandel, welcher sich auch unmittelbar auf Satz- und Layoutgestaltung auswirkte. Auch die Grafiker und Designer suchten in solchen Situationen nach neuen Wegen, um Ausdruck und Charakter ihres Mediums zu verändern. Sie durchbrachen den Zeitgeist und fanden mit dem Wandel von Gesellschaft und Technik neue Symbole und Zeichensprachen.

Höhepunkte in der künstlerischen Gebrauchsgrafik finden sich
- in der ***Buchkunst*** des Mittelalters,
- in den ***Künstlerplakaten*** von TOULOUSE-LAUTREC und anderen Künstlern zwischen 1850 und 1900 (▶ S. 96),
- in den gegen die industrielle Gleichförmigkeit engagierten Werken der ***Expressionisten*** (▶ S. 50),
- im radikalen Verstoß gegen die Regeln des Schriftsatzes im ***Dadaismus*** (▶ S. 55),
- in der Suche der ***Konstruktivisten*** und der russischen ***Revolutionskunst*** nach neuen grafischen Ausdrucksmitteln (▶ S. 53 f.),
- bei den Vertretern der ***Pop-Art,*** LICHTENSTEIN und WARHOL, welche die profanen Ergüsse der Medienkultur wie ***Comics*** und Werbung zitieren (▶ S. 62 f.),
- in verschiedenen Äußerungsformen der Jugend- und Undergroundkultur, die gegen etablierte Gestaltungsvorstellungen aufbegehren.

2

Seit Mitte der 80er-Jahre hat eine neue Epoche der Kommunikation begonnen. Der Computer erlaubt nun das schnelle und fast für jedermann durchführbare Publizieren mittels Datentechnik. Insbesondere die Fotomontage erlebt durch ihre Befreiung vom zum Teil sperrigen und teuren fotochemischen Material eine enorme Blüte und heißt nun ***Composing.*** Die gewonnene Freiheit führt zu einer Überladung des Layouts mit diversen gestalterischen Versatzstücken. CARSON und BRODY nutzen die durch den Computer erschlossenen neuen Möglichkeiten und brechen mit den Regeln des Schriftsatzes. CARSON treibt das Layout des Lifestyle-Magazins *Ray Gun* so auf die Spitze, dass man oft weder Bild noch Text erkennen kann.
Diese Designer gehen an die Grenze der Wahrnehmbarkeit und Nachvollziehbarkeit von Layoutformen, provozieren, verwirren und irritieren den Leser/Betrachter und üben so Kritik an den Gewohnheiten des Bilderkonsums: Diese ***Layouts*** lassen sich nicht einfach konsumieren, sie wollen erarbeitet, ja erkämpft werden. Ihre Arbeiten setzen Maßstäbe in der Werbegrafik und der Gestaltung von Trendmagazinen.

Das Internet als neues Massenmedium stellt seit Beginn der 90er-Jahre die Kommunikationsgewohnheiten der Menschen infrage. Noch nie war es so einfach, weltweit zu publizieren. Die Datensätze der ***Layouts*** und Grafikprodukte lassen sich unmittelbar in alle Welt verschicken und in unterschiedliche Medien übernehmen (Print, Web, TV, CD, DVD). So entsteht ein immer dichteres Medienangebot und eine unüberschaubare Informationsfülle, was zeitgenössische Künstler inspiriert und zu kritischen Gegenentwürfen animiert ***(net-art).***

Druckgrafik – Plakatkunst und Werbung

Das moderne grafische Medium Plakat ist ebenso wie der Begriff Gebrauchsgrafik im 19. Jh. entstanden. Die Erfindung der ***Lithografie*** (Steindruck) im Jahre 1796 durch SENEFELDER und neue Ausdrucksformen ermöglichen eine ökonomische Herstellung von jeglichen Drucken in einem mehrfarbigen und direkten Verfahren. Schnelligkeit und Reproduzierbarkeit sind wesentliche Anforderungen der Gebrauchsgrafik. Somit ist das moderne lithografische Plakat der Prototyp eines Massenmediums.
Die ersten Plakate dienen dazu, Veranstaltungen und Produkte zu bewerben. Mit den Plakaten beginnt somit die massenhafte Werbung. Die englische ***(poster)*** oder französische ***(affiche)*** Bedeutung des Wortes Plakat beschreibt deutlich das Verbreitungsverfahren: Man hängt sie auf (to post, afficher). Um die Aufmerksamkeit des Publikums zu gewinnen ***(Fernwirkung)***, wurden neue Schriftarten und typografische Besonderheiten entwickelt (fette Buchstaben und Zierbuchstaben).
Durch neue Drucktechniken ***(Lithografie)*** erhalten zeitgenössische Künstler attraktive Gestaltungsmöglichkeiten für Plakate. Insbesondere Techniken der Tusche- und Kreidezeichnung lassen sich nun auf einfache Weise reproduzieren. Diese künstlerischen Plakate wurden insbesondere in Frankreich als Kunst im öffentlichen Raum bewertet und so kam es, dass Künstler wie TOULOUSE-LAUTREC oder BONNARD sich auch als berühmte Plakatkünstler hervortaten. Um die Jahrhundertwende entwickeln MUCHA und BERNHARD ganz neue Ansätze. Während MUCHA die florale Ästhetik des Jugendstils in die Plakatgestaltung einbringt, prägt BERNHARD das Sachplakat, auf dem das Produkt ganz ohne dekorative Elemente abgebildet wird.
In der Zeit des Ersten Weltkriegs und der russischen Revolution tritt das politische Plakat in Erscheinung, mit dem in erster Linie propagandistische Zwecke verfolgt werden. Die ***Konstruktivisten*** (▶ S. 53) entdecken das Foto als Gestaltungselement für das Plakat. Die neue Drucktechnik ermöglicht auch in der Folge immer effizientere Verfahren (vom Buchdruck über ***Lithografie*** zum ***Offsetdruck***) zum Reproduzieren freier künstlerischer Entwürfe.
Ab 1945 setzt sich der ***Konstruktivismus*** im ***Internationalen Typografischen Stil*** fort, der sich ausgehend von der Schweiz über die Welt verbreitet und vor allem in den USA Früchte trägt. Die Initiatoren dieser Stilrichtung, KELLER und der Bauhaus-Schüler BILL, propagieren die Klarheit der Linie, die Lesbarkeit und betonten die ***Typografie***. Die im ***Layout*** hinterlegten Raster zerteilen den Raum, verbinden unsichtbar jedoch auch Gestaltungselemente, die zumeist aus nüchternen Geometrieelementen bestehen und verstärken so die Gesamtaussage. Dieser Stil wird in den 50er-Jahren international aufgenommen. In New York entwickelt sich aus diesen Einflüssen ein eigener illustrativer Stil, den der New Yorker Designer RAND etabliert.

In Deutschland belebt AICHER die Tradition des Bauhauses an der Ulmer Hochschule für Gestaltung. Zu seinen herausragenden Werken zählen die Plakate der Olympiade 1972 in München. In späteren Jahren kommen die Gestalter immer wieder auf die Formelemente des Konstruktivismus zurück wie z. B. in der ***Postmoderne*** oder in den aktuellen eklektizistischen Strömungen digitaler Medienkunst. Vertreter der späteren Richtung sind die dem ***Schweizer Typografiestil*** zuzuordnenden WEINGART und ODERMATT sowie die Amerikaner FRIEDMAN und GREIMAN. Bei der Verwendung des Computers im Design spielt GREIMAN eine Vorreiterrolle. Die Memphis School um SOTTSASS und die New Yorker Retrodesigner um SCHER orientieren sich an Vorbildern des ***Konstruktivismus*** (▶ S. 53), des ***Art déco*** und der ***Wiener Sezession*** (▶ S. 137 ff.).
In einer gegenläufigen Strömung der Nachkriegszeit ändert sich der Stil. Das typografische Element wird zurückgedrängt, stattdessen spielen jetzt bildhafte Formen die Hauptrolle: ***The Conceptual Image.*** Seine Stärke liegt in der verdichteten Aussagekraft des Bildes, das nun den größten Raum im Layoutgefüge einnimmt und sowohl ein Foto oder auch eine Illustration sein kann. Zu den Vertretern gehört das von TREPKOWSKI geprägte polnische Plakat, das in den 60er- und 70er-Jahren von LENICA und anderen fortgeführt wird. In den USA haben GLASER und CHWAST als Vorreiter dieser Richtung der Plakatillustration neue Wege aufgezeigt.

In den 70er-Jahren stellen KIESER und RAMBOW die Fotografie wieder in den Mittelpunkt der Plakatgestaltung. Dabei bedienen sie sich verfremdender Effekte, die einen surrealen und metaphysischen Ausdruck in das Plakat hineinlegen. Die Hauptströmung dieses Jahrzehnts bilden die bunten und psychedelischen Plakate der ***Pop-Art.*** Entstanden aus der Musik und den Drogenerfahrungen der 60er- und 70er-Jahre, kreieren die Designer und Illustratoren GRIFFIN und KELLEY ihren der Popmusik und der Flower-Power verpflichtenden Look, indem sie Schriften wie im Drogenrausch verzerren oder Comicfiguren als Ausdrucksmittel einsetzen. Parallelen zum ebenfalls psychedelisch in Erscheinung getretenen ***Jugendstil*** liegen auf der Hand.
Künstler wie PICASSO, MATISSE, BRAQUE, COCTEAU, MIRÓ, CHAGALL, DUBUFFET, LICHTENSTEIN, WARHOL oder GRIESHABER nutzen das Medium des Plakats für eine von den Strömungen des Designs freie Darstellung ihrer Ideen.

2.5 Digitale Bildmedien und Screendesign

Mit den digitalen On- und Offlinemedien und auch mit dem computerunterstützten DTP kommen neue ästhetische Elemente und gestalterische Aufgaben auf Grafikdesigner zu. Natürlich können sie ihre typografischen und bildnerischen Fähigkeiten weiter anwenden, aber seit einigen Jahren besitzen sie Instrumente, die eine täuschend echte Wirkung fiktiver Bilder mittels der Kunst des ***Bildcomposings*** oder mittels ***3-D-Gestaltungssoftware*** erzeugen. Und sie setzen sich mit den für sie neuen Gestaltungsfeldern ***Animation*** und ***Interaktivität*** (Multimedia, Internet) auseinander. Unter dem Stichwort ***Multimedia*** werden außer dem Gesichtssinn auch das menschliche Gehör angesprochen.
Das ***Composing*** wurde früher Fotomontage genannt und hatte die Aufgabe, die Idee oder Vorstellung einer nicht existierenden Sache realistisch zu veranschaulichen. Eingriffe in die Fotomontage waren eingeschränkt, mühevoll und nur Fachleuten vorbehalten, die über ein Fotolabor und entsprechende Hilfsmittel verfügten. Seit der Entwicklung der digitalen Bildbearbeitung steht nun Software zur Verfügung, die das elektronisch und mit zahlreichen Optimierungsmöglichkeiten bewerkstelligen kann (Adobe Photoshop, Gimp).
Plastische Gegenstände und Räume werden mit einer 3-D-Software aufgebaut, die farbige Objekte nicht nur mittels eines dreistrahligen Koordinatensystems geometrisch exakt darstellt, sondern auch Oberflächentexturen, Spiegelungen und Lichteinfall simuliert (z. B. Sketchup Make). In einem weiteren Prozess können diese Räume als Bühnen und 3-D-Objekte als Darsteller animiert werden. So sind mittlerweile abendfüllende Spielfilme in virtuellen Welten inszenierbar (z. B. Blender).
Die ***Animation***, also der Puppen- und Zeichentrick, ist seit Beginn des 20. Jh.s dem Film vorbehalten. Doch seit den 90er-Jahren stehen dem Grafikdesigner digitale Animationswerkzeuge zur Verfügung, die sich als Videodatei vielfach weiterverwenden lassen.

Die bedeutendste Neuerung eröffnet die Möglichkeit der direkten und unmittelbaren ***Interaktion,*** von der es zwei Formen gibt: die ***programmierte Interaktion*** und die ***kommunizierende Interaktion.***
Programmierte Interaktion: In einem vorgeschriebenen Ablauf festgelegt, dominiert sie z. B. Video- und Computerspiele, aber auch Apps und Internetauftritte.
Inhaltlich werden dabei an bestimmten vorgegebenen Knotenpunkten Wahlmöglichkeiten angeboten, zwischen denen der Spieler oder Benutzer entscheiden muss. Der Nutzer folgt dem Geschehen also nicht linear, wie bei

einem Buch, in dem die Seiten in einer Reihe aufeinanderfolgend durchgeblättert werden. Stattdessen befinden sich an jeder Station des Mediums vorprogrammierte Optionen, die eine Entscheidung des Nutzers verlangen. Die Struktur ist indexartig, verzweigt sich unentwegt und konfrontiert den Nutzer ständig mit Wahlmöglichkeiten. Seine Aufmerksamkeit und sein aktives Vorgehen werden unablässig gefordert. Damit unterscheidet sich ein solches digitales Medium klar von den passiven, Konsum fördernden Medien wie Rundfunk, Fernsehen oder Film.
Kommunizierende Interaktion: Diese tritt dann auf, wenn mehrere Teilnehmer über ein Netzwerk wechselwirkend aufeinander Einfluss nehmen und sich zu Aktionen und Reaktionen provozieren. Dieses Interagieren lässt sich bei Web-Chats beobachten, aber auch bei Online-Spielen und Mailgroups, Foren, Newsgroups oder LAN-Partys. Bemerkenswert ist, dass die Verläufe solcher interaktiver Veranstaltungen spontan, unerwartet und ungeplant und die Ergebnisse völlig ungewiss sind.

Dadurch, dass die neuen Medien vornehmlich über Bildschirmelemente bedient werden, sind zwei neue Zweige des Grafikdesigns entstanden, das ***Screendesign*** und das ***Interfacedesign.*** Ein Screendesigner gestaltet den Aufbau einer typischen Bildschirmseite (engl. screen), ein Interfacedesigner entwirft die Bedienoberflächen (interfaces) und Menüs von Software sowie die Eingabemasken (also Onlineformulare) von Userinterfaces. Zu den neuen Gestaltungselementen gehören die ***Piktogramme*** (icons) als Repräsentanten von Dateien, Verzeichnissen oder Programmen, Schaltknöpfe (buttons) zum Auslösen entsprechender Befehle, Ausklappmenüs (pulldown menues), Scroll-Balken, Maus-Cursor sowie ein Repertoire an Animationen zur Hervorhebung und Auszeichnung von Vorgängen. Eine multimediale Produktion verlangt, dass sich der Designer mit Toningenieuren und 3-D-Animatoren zusammenschließt.

Das Entwerfen freier Screendesigns ist ein beliebtes Experimentierfeld großer Massen von Usern geworden, die sich in Foren und Newsgroups organisieren und sich künstlerisch entfalten. Sie gestalten faszinierende virtuelle Organismen, simulierte Cyberwelten und beschäftigen sich mit innovativen Gestaltungstools.

BEISPIELE

www.mowa.org, www.dam.org, www.designmadeingermany.de

Tipps für die eigene Gestaltung:
https://lehrerfortbildung-bw.de/st_digital/medienkompetenz/gestaltung-layout/interface/tipps/

3 Gestaltung von Lebenswelten

3.1 Idee, Funktion und Form in der Architektur

In Bauten erschafft sich der Mensch ihn schützende, beherbergende Räume. Mit ihrer Hilfe grenzt er einen von ihm bestimmten und gestalteten ***Lebensraum*** gegen den ihn umgebenden ungeordneten ***Naturraum*** ab. Im Schutz gegen widrige Einflüsse der Welt, gegen Unwetter und Gefahr, liegt die primäre Funktion der Architektur. Zusätzlich realisiert das Bauen spezifische individuelle wie auch öffentliche Bedürfnisse nichtmaterieller Art. Architektur wird zur raumkörperlichen Darstellung menschlicher Auffassungen, Lebensweisen, damit gesellschaftlicher Ordnungen, religiöser oder profaner Welterklärung.
In sekundärer Funktion ist Architektur ästhetische Widerspiegelung der Welt, ist gestalteter, lesbarer Informationszusammenhang, ist gestaltete, sinntragende Umwelt des menschlichen Lebens: Vom Einzelbau bis zum gebauten Ensemble, vom Lebensraum einer Stadt bis zur Ausdehnung eines Siedlungsraums.

ZITAT

Die Architektur umfasst die gesamte physische Umwelt, die das menschliche Leben umgibt; wir können uns ihr nicht entziehen, solange wir der bürgerlichen Gesellschaft angehören, denn die Architektur ist die Gesamtheit der Umwandlungen und Veränderungen, die im Hinblick auf die Bedürfnisse des Menschen auf der Erdoberfläche, mit Ausnahme der reinen Wüstengebiete, vorgenommen werden.

WILLIAM MORRIS (1881)

Durch Verbundenheit von Materialität und Idee verwirklicht Architektur ästhetische Aneignungs-, Deutungs- und Erneuerungsprozesse von Welt, Geist und sozialer Wirklichkeit.
In seinen besten Beispielen wird das Bauen zur Baukunst, das Handwerk des Bauens zur künstlerischen Tätigkeit und der entwerfende Architekt zum Künstler.
Die unmittelbare Betrachtung von Architektur rückt die äußere Erscheinung von Gebäuden in den Vordergrund. Hierin zeigt sich die Bedeutung des formsprachlichen Aufbaus und der Ästhetik von Architektur. Ähnlich wie

bei Gemälden oder Skulpturen spielen auch Symbole und Inhalte eine Rolle, z. B. politische oder religiöse Programme.
Kunstwerke der Architekturgeschichte bringen besondere Anliegen, Absichten, einen ästhetischen Plan zur Anschauung. Die gewählten Ausdrucksmittel lösen die Probleme der bildnerischen Gestaltung, ihre Anschaulichkeit finden sie in sinnlich gestaltetem Material, ihr Ziel ist es, dem Betrachter oder Besucher die Einheit der Idee anschaulich vor Augen zu führen.

ZITAT

Die Architektur ist eine reine Kunst der Erfindung, denn für ihre Formen gibt es keine fertigen Prototypen in der Natur, sie sind freie Schöpfungen der menschlichen Fantasie und Vernunft.
GOTTFRIED SEMPER (1854)

Architektur braucht kreativ-künstlerisches Tun: Intuition, Imagination, Formfindung, Realisierung. Sie findet ihre konkreten Ausdrucksmittel in der Gestaltung der Baukörper, der Bauformen und aller Bauelemente.

Der Baukörper

Bauwerke sind ein materieller und ideeller Zusammenhang von Baukörper und Raum, bei dem Körper und Raum sich gegenseitig bedingen. Baukörper definieren sich vor allem durch ihre Grenzen: Kanten, Flächen, addierte Teilkörper und deren plastische Formen.

Der Massenbau

Einfache Primärkörper mit anschaulicher Flächenhaftigkeit und scharfen Kanten bestimmen den geometrischen Massenbau.

BEISPIELE

Pyramiden von Giseh, Cheops 2650 v. Chr.
Guarantee-Building, Buffalo, N.Y. 1894
Seagram-Building, New York 1954

Gestaltungsmittel sind neben der Form des Baukörpers selbst Proportion und Fassadengliederung. Der allseitige, symmetrische Körper besitzt abstrakt-kristallinen Ausdruck. Ordnung und Rationalität prägen diese elementaren Körper.

Der Gliederbau

Der Gliederbau zeigt seine Grundstruktur in der Aufgliederung in vertikal tragende und horizontal getragene Elemente. Er veranschaulicht seine Konstruktion mittels sichtbar angebrachter aufstrebender Stützen und ruhender Lasten.

BEISPIEL

Parthenon-Tempel, Athen ab 447 v. Chr.

Hier entsteht Spannung durch die formale Selbstständigkeit der Teile (Säulen, Gesimse) und die konzipierte Einheitlichkeit des Baus. Im inneren Dialog der Einzelelemente entfaltet der Gliederbau seine lebendig-organische Wirksamkeit.

Gestaffelte Baumassen

Ein vielfach genutztes Ausdrucksmittel architektonischer Gestaltung findet man in der Staffelung von Baukörpern. Gestaffelte Baumassen gliedern große, mehrteilige Bauten in anschauliche Einheiten. Die additive Zusammensetzung unterschiedener Teilkörper bei gleicher äußerer Charakteristik der Oberfläche und prägnanter Unterordnung zum Hauptkörper hin finden wir u. a. im Bautypus der Basilika.

BEISPIELE

San Apollinare, Classe, Ravenna 530–549
St. Michael, Hildesheim 1010–1030

Im Gleichklang der Symmetrie geordnet, wirkt ein Baukörper ruhig und feierlich. Horizontale Gliederungsweisen gestaffelter Baukörper in Gruppen oder Folgen trifft man beispielsweise im Wohnbau der ***Moderne,*** vertikale Ordnungen häufig im späten mittelalterlichen ***Sakralbau.*** Zentrale Aufbauten spiegeln den Geist der ***Renaissance,*** die gleichfalls aber auch harmonische oder rhythmisch-gewichtete Staffelungen erbaut.

BEISPIELE

Sanatorium, Purkersdorf 1904
Weissenhofsiedlung, Reihenhäuser, Stuttgart 1927
Siedlung an der Schorlemer Allee, Reihenhäuser, Berlin 1927
Dom, Köln 1248–1322
Villa Capra La Rotonda, Vicenza 1550

Asymmetrische Staffelungen wirken bewegter, lockerer, organischer. Ihre Teile sind frei ausbalanciert, stehen in freier Gewichtung zueinander.

BEISPIELE

Hill House, Helensburgh, Glasgow 1905
Robie House, Chicago 1909
Mathildenhöhe, Ausstellungsbauten, Darmstadt 1901
Opernhaus, Sydney 1951

Immer vermeidet ein gestaffelter Aufbau den übergroßen Gleichklang monotoner Reihungen, entwickelt im Versatz und Wechsel der Baukörper spannungsreiche, rhythmisierte Ordnungen.

Die ***Oberflächengestaltung*** der genannten Baukörper reicht von klarer, flächiger Struktur ***(Pyramiden)*** bis hin zu körperlich-plastischer Modellierung ***(gotische Kathedralen)***. Die formalen Möglichkeiten bewegen sich hierbei grundsätzlich zwischen den Polen präziser Geometrie, klarer Linearität und Flächigkeit und Formen belebter Organik, Gebogenem, Kurvigem, allem Gerundeten.

Der Raumkörper

Der gestalterische Plan jeder Architektur bezieht sich vor allem auf die Formung des Inneren von Bauten. Dieser Raum wird wie zuvor der Baukörper durch seine Begrenzungen definiert. An Böden, Wänden und Decken kann er in Höhe, Breite und Tiefe gemessen werden, sind seine Dimensionen anschaulich. Die architektonisch-gestalterische Festlegung des Baukörpers ist das Mittel der Raumgestaltung.
Zu unterscheiden sind zwei Erscheinungsformen: der ***Innenraum*** (die Gesamtheit des Inneren) und der das Bauwerk umfassende ***Außenraum*** (das den Körper umschließende Äußere).
In der Planung des Inneren legen vor allem Kreis und Gerade dominante Gegensätze der Raumgestaltung fest. Der Kreis verweist ohne jegliche Richtungstendenz auf sein Zentrum. Als Grundfläche bestimmt er den ***Zentralraum,*** einen Raum, der in sich ruht, auf seine Mitte und den darüberliegenden Deckenpunkt ausgerichtet ist.

BEISPIELE

Stangenzelte
Pantheon, Kuppelraum, Rom 117–125 n. Chr.
Tempietto von S. Pietro, Montorio, Rom 1502

Die Gerade bewegt sich von einem Ausgangspunkt gerichtet in die Tiefe, es entsteht der ***Richtungsraum.*** Der rechteckige Längsraum verweist auf ein Ziel, gibt eine Bewegungsrichtung vor.

BEISPIELE

Kathedrale, Chartres 1194–1260
Elisabethkirche, Marburg 1235–1283

Zwischen beiden Extremen entwickelt sich die Vielfalt des architektonischen Raums. Im Spannungsverhältnis von Fläche und Tiefe, den Proportionsverhältnissen von Höhe und Breite, den Vorstellungen von raumgreifenden Würfel-, Quadern- und Halbkugelstrukturen entsteht die Kunst des Raumes.

Rhythmisierungen eines Innenraums in Haupt- und Teilräume, rationale Raumfolgen oder freie Raumstrukturen geben den Stilen der Architekturgeschichte ein Programm.

Im Wechselgespräch von Baukörper zu Baukörper entstehen darüber hinaus ***Raumkompositionen des architektonischen Außenraums.*** Zwischen den Gebäuden, auf Straßen, auf Plätzen, in unseren Städten wird Raum definiert, kann Raum im Durchschreiten und Betrachten erschlossen werden. Erst in der Bewegung im Raum ist das Ausdrucksmittel Raum tatsächlich erfahrbar, wird seine Ordnung zur sinnlichen Erkenntnis.

Die Wand

Dem menschlichen Blick zeigen sich Wände. Sein augenscheinliches Bild erhält der Baukörper durch sie. Wände aus massivem Stein oder Mauerwerk, Wände aus Beton, aus Holz oder Glas: Wände sind das Antlitz des Baus, geben den Fassaden ihren Charakter.
Tragende Wände des ***Steinbaus*** nehmen die Lasten (Druckkräfte) des Gebäudes auf und verteilen diese gleichmäßig (Massivbau). Die Wand zeigt sich geschlossen und fest.
Geometrische, linear bestimmte Felder prägen das Gesicht des ***Fachwerkbaus*** (Gerüstbau). Hier übernehmen tragende Holzstützen die Lasten, verbleibende Zwischenräume werden mit leichtem Material ausgefacht.
Die moderne ***Stahlskelettkonstruktion*** entmaterialisiert die Außenhaut des Bauwerks. Schlanke Stützen sind in der Lage, der einwirkenden Schwerkraft großer, vielgeschossiger Gebäude standzuhalten. Strahlende, das Licht reflektierende Fensterwände aus Glas stehen vor einer Flucht tragender Stahlstützen (Curtain wall). Lastende und stützende Elemente bleiben im Verborgenen, die Wand wirkt schwerelos.

Die Fenster

Abhängig von Funktion, baulicher Konstruktion und ästhetischem Ideal sind ***Öffnungen der Raumschale*** wichtiger Teil des architektonischen Plans. Fenster und Türen entstehen in Übereinkunft mit dem Programm des Bauwerks. Das Verhältnis von Wand und Öffnung entwickelt eine große Variationsbreite. Es reicht vom kleinen Loch in massiver Wand bis zur vollständigen Negation statischer Mittel.
In der Gestaltung des Lichteinfalls erweist sich, dass Architektur mehr als feste, materielle Bauteile organisiert. Es ist das gestaltete Licht, welches den Raum modelliert, ihn im Laufe eines Tages verändert, ihm seine spezifische Anmutung verleiht.

Das Dach

Das Flachdachhaus, ein Primärkörper per se, ist die einfachste Form eines Baukörpers. Vielgestaltiger und differenzierter sind andere Dachformen. ***Satteldach, Pultdach, Zelt-*** oder ***Pyramidendach, Tonnendach, Walmdach, Krüppelwalmdach, Kegeldach*** oder ***Mansardendach*** sind Dachformen unterschiedlichster Tradition und Funktion. Sie betonen den Baukörper in erweiterndem Sinne, entwickeln den individuellen Charakter des Hauses.
Unter ihrer Oberfläche verbirgt sich der notwendige statische Aufbau. Es wurden im Laufe der Zeit so viele Stützelemente und Dachkonstruktionen entwickelt, wie äußere Dachformen benötigt wurden.

Die Fassade

Die Gliederung der Fassade bringt Qualitäten des Grafischen in die Baukunst. Architektur zeigt hier Ausdrucksmittel einer Gestaltung, die sich stets auf die Zweidimensionalität der ***Fläche*** bezieht (▸ S. 8). Daneben werden auch Ausdrucksmittel des ***Reliefs*** wirksam (▸ S. 16, 23).
Fenster und Türen sind eingebunden in einen zeichnerischen Plan, dessen bewusst ästhetische Zielsetzung die sinnvolle Verbindung aller Einzelteile anstrebt. Die Proportionierung der Geschosse mit ihren Gestaltungselementen, deren An- und Zuordnung, Ausdrucksmittel des Materials (z. B. Naturstein, Backstein, Marmor, Beton, Putz), Strukturbildung, Ornament und Farbwahl lassen die Gestaltung der Fassade zur Visitenkarte des Bauwerks werden.

3.2 Konstruktion und Gestalt von Design

Konstruktion und Gestalt von Design

Konstruktion und formale Gestalt eines Designproduktes beziehen sich auf die gegebene Aufgabe, den Zweck, die geplante Nutzung des Produktes selbst. Dabei werden verschiedene Designfunktionen berücksichtigt: die praktische Funktion (es erfüllt seinen praktischen Zweck), die ästhetische Funktion (es spricht seinen Benutzer an), die Anzeigefunktion (man kann ihm seine Gebrauchsfunktion ansehen), die repräsentative Funktion (es signalisiert den Stil und die soziale Rolle des Benutzers).
Industrielle Formgebung, ***Design,*** gibt einem gewählten Rohstoff, sei es nun Holz, Metall oder Kunststoff, seine im Plan entwickelte Form. Dazu gehören auch die Organisation des Fertigungsprozesses, Wirtschaftlichkeit und Ökologie ebenso wie die empirische Erforschung der Konsumenten. Grundsätzlich findet die Gestaltung industriell gefertigter Gebrauchsgüter ihre forma-

le wie auch inhaltliche Rechtfertigung in den Anforderungen der Benutzer an das Objekt.

Die Gestalt und die Form

Im Bereich des sinnlich-wahrnehmbaren Gestaltungszusammenhangs eines Designobjekts ist es die Gesamterscheinung als Summe aller ihrer Einzelelemente und Formungen, die Akzeptanz oder Ablehnung hervorruft. Konstituierende Aspekte der Gestalt sind grundsätzlich Form, Material, Oberfläche und Farbe. Komplexität und Ordnung einer Designform geraten in ein spannungsvolles Mit- und Gegeneinander und vermitteln so dem Betrachter oder Benutzer einen Eindruck und ein Empfinden für die Funktion des Gebrauchsgegenstands (z. B. das Wechselspiel zwischen Lehne, Sitzfläche und Beinen eines Stuhls).

Grundsätzliches Ausdrucksmittel des Designs ist die Form. Zwischen plastischer, dreidimensionaler Formung und planflächig-zweidimensionaler Formgebung entwickelt sich das Erscheinungsbild der Produkte. Dabei gelten die aus der bildenden Kunst vertrauten ästhetischen Grundlagen. Eine rationale, funktionale, einfache Form veranschaulicht eher einen technisch-zweckhaften Ausdruck. Der Betrachter sieht dem Gegenstand seinen Gebrauchszweck dann meist ganz unmittelbar an.
Eine reichere, spielerische Durchdringung von Oberfläche und Einzelelement zielt demgegenüber auf emotionale Bedürfnisse der Benutzer und lenkt von der technischen Funktion des Gegenstands ab. Dies kann bis zu Formen rein äußerlicher Dekoration reichen (ein Kerzenleuchter in Form einer menschlichen Figur) oder auch bis hin zu sentimentalem Kitsch (Kuckucksuhr).

Die Materialität

Das Material eines Designproduktes ist unter den Gesichtspunkten der Stabilität, Dauer, produktionstechnischen Eignung, Verfügbarkeit, Entstehungskosten, aber auch der ästhetischen Wirksamkeit zu bewerten. Es vermag Ausdrucksqualitäten wie Innovation und Modernität, aber auch, bei entsprechend gelungener Materialwahl, Traditionalismus und konservativen Stil zu vermitteln.

Die Oberfläche

Die Oberfläche eines Gebrauchsgegenstandes definiert sich sowohl in ihrer Formung wie auch im gewählten Material. Aus der Betrachtung der Oberfläche resultierende Empfindungen verdeutlichen deren Ausdrucksqualitäten: Die Anmutung von Wärme oder Kälte, haptischer Zuneigung oder Distanz, Beruhigung oder Irritation und Dynamik, Vertrautheit oder Fremde entsteht u. a. in Reaktion auf die Oberfläche. Im Gegensatz zu den Objekten handwerklicher Produktion zeigen sich Gebrauchsgüter industrieller Fertigung meist von perfekter, makelloser Oberfläche. Darin drückt sich unter anderem das Bemühen aus, ausgerechnet Massenprodukte als ideale, reine und unberührte Prototypen erscheinen zu lassen, als etwas ganz Besonderes und Einzigartiges.

Die Farbe

Ganz unmittelbar wirkt die Farbigkeit von Designgegenständen. Auch hier gelten die allgemeinen Gegebenheiten der Formensprache (▶ S. 8 ff.). Aktive, farbintensive Lackierungen oder Einfärbungen bilden den Gegenpol zum Bereich neutraler, passiver Farben. Abhängig von Charakter und Intention des Produktes wählt hier der Produzent, der Designer. Eine differenzierte Farbgestaltung innerhalb eines Objekts vermag die mögliche Simplizität der Gesamtform zu kompensieren, formgestalterische Defizite auszugleichen. Nicht zuletzt sind es die Impulse der Mode, die den farblichen Ausdruck der Produkte prägen.

Ordnung und Komplexität

Der Aufbau der Produktgestalt orientiert sich innerhalb einer Skala von Ordnung und Komplexität. Objekte hoher Ordnung kennzeichnet häufig ihr geringes Maß an ästhetischer Vielfalt. Ihre Struktur ist von großer Übersichtlichkeit und Klarheit, die Formsprache reduziert und von eindeutiger, formaler Askese. Die Zielsetzung der Objekte hoher Ordnung liegt vor allem in der Veranschaulichung logischer Klarheit und rationaler Konsequenz.
Bei komplexer Ordnung finden wir demgegenüber eine große Zahl unterschiedlicher Gestaltungsmotive und Anordnungen. Die zumeist gleichzeitige Nutzung differierender Formen, Farben und Flächen erhöht die Komplexität des betreffenden Objekts, beschäftigt, interessiert, bindet oder beunruhigt den Betrachter/Benutzer in gewolltem Maße.

3.3 Architekturgeschichte bis zum Beginn der Moderne

Griechische Antike

„Der griechische Tempel ist der nie wieder erreichte Gipfelpunkt aller Architektur, soweit sie je ihre Erfüllung in der Richtung plastisch-körperhafter Schönheit gesucht hat.“ (PEVSNER)

Grundlage griechischer Architektur war der einfache mykenische Tempel und der Bautypus des ***Megaron.*** Der Tempel selbst darf als die bedeutendste Bauaufgabe der Griechen angesehen werden. Nach nahezu einheitlichem Bauschema hat man ihn über Jahrhunderte hinweg errichtet. Seine Anfänge als Lehmziegelbau mit einem Gebälk und Dach aus Holz liegen wahrscheinlich im 9. Jh. v. Chr., die Entwicklung des Steinbaus wird mit dem 6. Jh. v. Chr. festgelegt. Die Form des klassischen griechischen Tempels existiert seit etwa 500 v. Chr.

Kernstück ist die ***Cella,*** ein rechteckiger Hauptraum im Innern, oft von zusätzlichen Nebenräumen begleitet. Im Äußeren finden wir die allseitig umlaufende, schmale Säulenhalle, den ***Säulenumgang.*** Der Tempel zeigt sich grundsätzlich als rechteckiger Gliederbau mit vertikal tragenden Stützen und doppelseitiger Giebelfront. Auf den Stützen liegt das horizontale Gebälk, der ***Architrav,*** dann ***Fries, Giebel*** und Dach. Die griechische Säulenbaukunst des Tempels stellt den Gegensatz von Träger (Stütze) und Last anschaulich und unverhüllt dar.

Sie rückt damit die konstruktive Bedeutung der einzelnen Bauglieder in den Vordergrund, betont die Klarheit der Proportionen, vermittelt die Intensität körperhafter Formgebung. Das Konstruktionssystem Tempel formuliert ein architektonisches Ideal. Seine Kombination der Elemente kennzeichnet ihn als lebendigen Organismus, sein Ziel liegt darin, eine Idee von exakten Maßbeziehungen, ausgewogener Proportion, harmonischer Ordnung und sakraler Repräsentation zu veranschaulichen.

Die ***klassischen Säulenordnungen*** werden nachfolgend in historischer Abfolge beschrieben.

Die dorische Ordnung

Auf dem Fundament (Stereobat) erhebt sich die meist dreistufige ***Krepis,*** auf deren oberster Stufe (Stylobat) stehen im Schaft kannelierte Säulen. Die kantigen, gradlinigen, vertikalen ***Kanneluren*** (Hohlkehlen) straffen den mächtigen Säulenschaft. Den oberen Abschluss der Säule bildet das schlichte ***Kapitell,*** bestehend aus ***Echinus,*** einem sich verbreiternden, gerundeten Wulst, und ***Abakus,*** einer quadratischen Deckplatte. Der Gesamteindruck des dorischen Tempels ist klar, ernst und kraftvoll.

Die ionische Ordnung

Geschmückter und anmutiger wirkt der Tempel ionischer Ordnung. So zeigt das erweiterte Säulenkapitell in Vorderansicht beidseitig je eine gerundete ***Volute*** (spiralförmig eingerollte Form). Der Säulenhals ist ornamental verziert. Der Säulenfuß erklärt sich als Basis mit Wülsten und Kehle, die ***Kanneluren*** sind nun plastisch durch schmale Stege getrennt. Der Schaft ist insgesamt dünner, in seiner Wirkung eleganter, das ionische ***Fries*** dekorativ mit Skulpturen ornamentiert. Wie schon bei der dorischen Ordnung bleibt die ***Cella*** ein von außen wenig auffälliger Raum, bestimmen Abstand und Schlankheitsgrad der Säulen den plastisch-vielgliedrigen, immer maßvollen Charakter des Tempels.

Die korinthische Ordnung

Von gesteigerter Feingliedrigkeit und dekorativer Eleganz erweist sich schließlich die korinthische Ordnung. Bezwingend und in den unterschiedlichen Erscheinungsformen der Entwicklung stets von aufwändiger Schönheit ist das ***korinthische Kapitell.*** Fein gearbeitete ***Akanthusblattranken*** umschließen allseitig das Kapitell, ersetzen die nur zweiseitigen ***Voluten*** durch Blattkränze, Spiralen, ***Palmetten*** oder Blattkelche. Im Formenreichtum dieser Architektur wird bereits die persönliche Schöpferkraft und Handschrift bedeutender Bildhauer und Architekten deutlich.

BEISPIELE
Olympieion, Athen 515–510 v. Chr.
Poseidon-Tempel, Paestum 480 v. Chr.
Parthenon-Tempel, Akropolis, Athen 447–438 v. Chr.

Römische Antike

Die römische Architektur verwendet die Formsprache griechischer Baukunst (griechische Ordnungen, Einzelelemente), verfolgt aber überwiegend dekorative Absichten. So übernimmt der römische Tempel nur im Grundsatz das griechische Modell. Er erweitert die ***Cella*** wesentlich, steht nun auf einem ***Podium*** (hoher Unterbau) und erhält eine bestimmende Frontseite mit Freitreppe und von Säulen getragener Vorhalle. Schmückend sind schlanke Halbsäulen den Außenwänden der Cella vorgeblendet.

BEISPIEL *Maison Carreé,* Nîmes 16 v. Chr.

Die ***Basilika***, ein für Gerichts- und Marktzwecke genutzter Bautypus einer mehrschiffig überdeckten Halle mit erhöhtem Mittelschiff, erhält durch den historischen Wandel ihrer Funktion besondere Bedeutung in der weiteren Baugeschichte. Die Umformulierung der zweckhaften Bestimmung des Baus

verwandelt einen Profanbau in das spätere Modell sakraler Architektur (***Basilika*** romanischer und gotischer Kirchen).
Römische Baukunst verwendet mit Vorliebe massives Mauerwerk. Sie erfindet hierzu neue Bautechniken und Materialien und entwickelt eigene Bautypen, die in gelungener Synthese Zweck, funktionell-rationalen Massenstil und repräsentative Gestaltung in sich vereinen.
BEISPIEL *Pantheon,* Rom 118–128 n.Chr.

Die aufregende architektonische Verbindung eines rechteckigen Tempelbaus mit einem gigantischen Rundbau (Rotunde) gelingt im *Pantheon,* dem ersten großen ***Kuppelbau*** der Baugeschichte. Durch die neuartige Bautechnik des ***Gussmauerwerks*** wurde eine Bauform dieser Spannweite ermöglicht. Im Besonderen gilt dies für die große Kuppel, die mächtige Einwölbung des runden Hauptraumes. Die Entdeckung des Verfahrens, bestimmte vulkanische Substanzen mit Wasser zu vermischen, um so einen tauglichen Zement zu erhalten, beeinflusste die Ideen römischer Architektur weitreichend. Bauliche Dimensionen und Formen konnten jetzt mit jenem betonartigen Baustoff gedacht und errichtet werden, die nur schwerlich oder zumindest sehr viel langsamer mit den konventionellen Methoden des griechischen Steinbaus hätten verwirklicht werden können.
Dem römischen Dekorationsbedürfnis entsprechend, präsentiert sich das *Pantheon* in aufwändigem Schmuck: korinthische Säulen, Nischen, Pilasterformen, Gebälk, Marmordekorationen und nicht zuletzt die wirksame, abgetreppte Kassettenstruktur in der Kuppel. Der zugrunde liegende, formale Aufbau bietet eine überzeugende Lösung eines monumentalen ***Kuppelbaus.*** Von der Vorhalle des Tempelbaus, durch einen rechtwinkligen Zwischenbau, quer durch den Rundbau, hin zur kleinen ***Apsis*** führt horizontal die Längsachse.
Sie legt die Längsausrichtung des Grundrisses fest. Demgegenüber wirken jedoch im Innenraum der ***Rotunde*** Kräfte einer zentralen Architektur (kreisrunder Raum, Kuppel als Halbkugel). Die Höhe bis zum Scheitelpunkt (43,4 m) entspricht dem Durchmesser des Rundbaus. Diese Vertikale führt augenscheinlich den Blick hinauf zur zentralen runden Öffnung der Kuppel. In Gestalt des *Pantheons* sind die Lebendigkeit einer längs gerichteten Bewegungsrichtung und die Ungreifbarkeit einer zentralen gigantischen Himmelskuppel in gelungener Weise vereint.
Zu den Pflichten eines Staates gehören öffentliche Bauaufgaben. Hier wird Architektur direkter Ausdruck gesellschaftlicher Strukturen, ist Baukunst les- und sichtbares Abbild der Herrschaftsverhältnisse. Im gebauten Symbol verkündet sich der Charakter einer Zeit, ihrer Gesellschaft, ihrer prägenden Protagonisten.

Im Dienst der Propaganda stehende ***Triumphbögen,*** Theater, Markthallen, aber auch ***Thermen*** und ***Aquädukte*** sind neben den großen Palastbauten kennzeichnend für das Imperium Romanum.

Karolingische Architektur

Von monumentaler Prägung zeigt sich auch die Architektur Karls des Großen. Teil seines politischen Programms war es, seine Völker zu römischer Gesinnung zu erziehen, eine Erneuerung der Antike auf der Basis des christlichen Glaubens zu erreichen. Gleich den Palästen der römischen Kaiser besitzen die seinen, mit ihrem umfangreichen Programm an Räumen, ihren Hallen und Kapellen, eine ebensolche Konzeption, die gleiche imperiale Anlage. Ein gut erhaltenes Beispiel seiner Bauauffassung finden wir in der *Pfalzkapelle* in Aachen.

BEISPIEL *Pfalzkapelle* (Palastkapelle), Aachen 805
Das Bauwerk ist ein ***Zentralbau*** mit Längsachse zur ***Apsis,*** der Zentralraum ein mehrgeschossiges Oktogon mit einem Umgang aus acht selbstständigen Segmenten mit dreieckigen Zwischenräumen. Der äußere Umfang bildet ein leicht gewinkeltes Sechzehneck. Fließende Übergänge der Raumkörper gestalten den Innenraum. Über den mächtigen Bögen des Erdgeschosses rhythmisieren im unmittelbar darüberliegenden ***Emporenumgang,*** zweigeschossig, in Doppelreihe übereinandergestellte antike Säulenstellungen die Ordnung des gesamten Raumes. Die Kapelle steht als sakraler Monumentalbau ganz in der Tradition römisch-byzantinischer Vorbilder (*S. Vitale,* Ravenna), beweist in Konstruktion und Bauausführung Erfahrung mit antiker Baukunst. In der Folge wird die Aachener Palastkapelle selbst Vorbild mittelalterlicher Zentralbauten.
Zukunftsweisende Impulse gehen auch von Centula aus.

BEISPIEL *Centula, Klosterkirche,* St. Riquier/Abbeville 790–799
Der Außenbau der Klosterkirche wurde durch zwei antithetische Baugruppen aus mehrgeschossigen Querhäusern mit Vierungsturm und zugehörigen kleinen Treppentürmen im Osten und Westen begrenzt. Diese umfassten das basilikale ***Langhaus.*** Im Osten fand der Bau seinen Abschluss in einem ***Langchor*** und einer ***Außenkrypta.*** Im symmetrischen Aufbau dieser Ordnung war eine neuartige, gleichgewichtige Verteilung der Baukörper beiderseits des Langhauses gefunden (***Ost***- und ***Westgruppe***). Modellhaft für kommende Jahrhunderte war auch die Anlage des Chorraums im Anschluss an das östliche ***Querhaus.***

Romanik

Die bewusste Klarheit des Grundrissaufbaus im Verbund mit einer systematischen Strukturierung der Raumordnung wurde bereits Ende des 10. Jh.s architektonisches Prinzip der Sakralarchitektur. Diese gestalterische Betonung des Raumgefüges unterschied nun die Baukunst des Mittelalters wesentlich von der Baukunst griechischer und römischer Zeit, die vom plastischen Ideal geprägt war.

Die ***ottonische Baukunst*** steht unter dem Einfluss ***karolingischer*** Formbildungen, kombiniert diese mit ***byzantinischen*** und ***fränkischen*** Ausdrucksmitteln. In der Klosterkirche *St. Michael* wird ottonisches Bauen zur eindeutigen Gesamtform, zur einheitlichen Idee, findet *Centula* eine konsequente Weiterentwicklung.

BEISPIEL *St. Michael,* Hildesheim 1001–1033
Die vollkommene Gleichgewichtigkeit von ***Ost***- und ***Westgruppe,*** das maßvolle Verhältnis von Turmgruppen zu horizontalen Bauteilen und die formale Eindeutigkeit der Baukörper veranschaulichen bereits in der Außensicht die systematische Gliederung aller Bauteile und Räume. Gleiche ***Querhäuser*** mit massiven ***Vierungstürmen*** und Flankentürmen begrenzen St. Michael beiderseits des basilikalen ***Langhauses.*** Insgesamt ruft der Bau in der nüchternen Schlichtheit seines Mauerwerks und seiner statischen Fes-

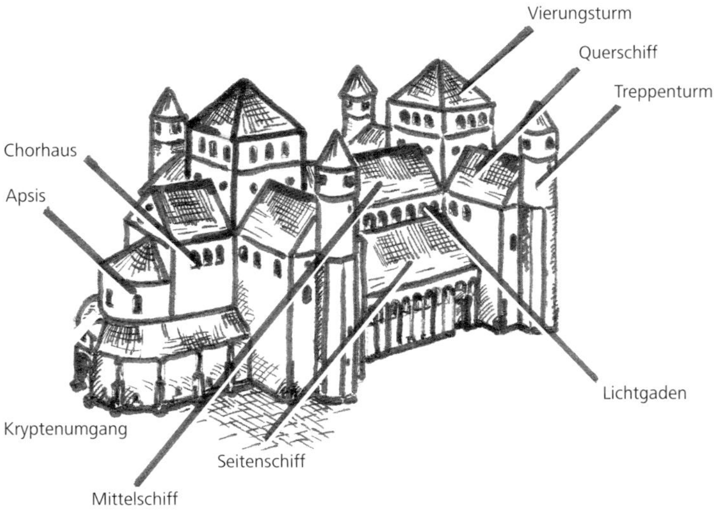

Außenansicht St. Michael, Hildesheim

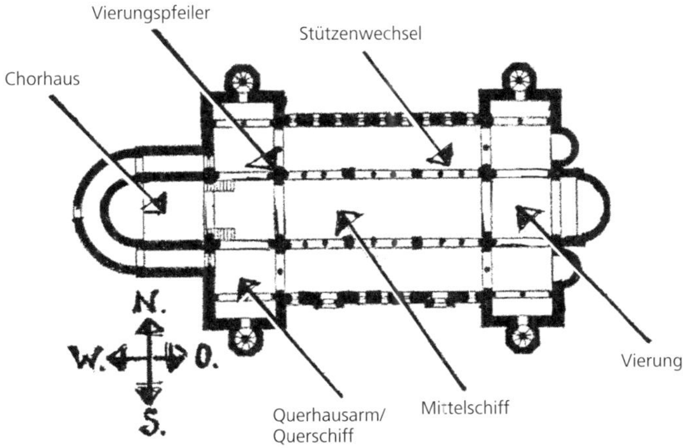

Grundriss St. Michael, Hildesheim

tigkeit Anmutungen von architektonischer Geschlossenheit und Wehrhaftigkeit hervor. Die Kirche erklärt sich darüber hinaus wesentlich aus dem Grundriss. Der Durchdringungsraum, in dem sich ***Mittelschiff*** und ***Querhaus*** kreuzen, wird zur Maßeinheit des gesamten Plans. Man bezeichnet diesen Bauteil als ***Vierung.*** Über ihm befindet sich, im Inneren meist einsehbar, der ***Vierungsturm.*** Das Quadrat der ***Vierung*** liegt der Proportionierung des gesamten Grundrisses zugrunde. In den vier Armen beider ***Querhäuser*** finden wir das Quadrat je einmal, das ***Mittelschiff*** setzt sich aus drei der Einheiten zusammen. Auch dem ***Westchor*** ist die Maßeinheit eingeschrieben. Von solcher Struktur definiert sich die Gestaltung des Grundrisses als ***gebundenes System.***

Der ***Stützenwechsel*** (zwischen rechteckigem Pfeiler und runder Säule) der Erdgeschossarkaden nimmt die Maßeinheit der Vierung auf. Massive Steinpfeiler finden wir in den Eckpunkten der Quadrate, dazwischen, im Lauf der Arkaden, je zwei schlankere Säulen mit Kapitell. Im System Pfeiler – Säule – Säule – Pfeiler unterscheidet man, begründet durch Größe und Funktion, zwischen Haupt- und Nebenstützen.

Die Raumeinheit der ***Vierung*** wird durch große Triumphbögen hervorgehoben, so vom flach gedeckten Mittelschiffsraum deutlich abgesetzt ***(ausgeschiedene Vierung).*** Die vom Vierungsquadrat bestimmte Anlageform der ***Basilika*** bezeichnet man als ***quadratischen Schematismus.***

Ein wichtiges Stilelement früher romanischer Architektur ist die gemauerte, flache Wand. Ihre Öffnungen werden, wie auch in der römischen Architektur,

von Rundbogenformen überdeckt. So finden wir rundbogig abgeschlossene Fenster, Türen, rundbogige Arkaden und Triumphbögen, im Außenbau Rundbogenfriese. Neben dem ***Rundbogen*** ist es vor allem das ***Würfelkapitell,*** welches in seiner formalen Konsequenz zu einem weiteren stilbildenden Bauelement wird. Es ist die erste neue Kapitellform seit der Antike. Von großer ästhetischer Schlichtheit und Kraft, ist das frühe romanische ***Würfelkapitell*** Ausdruck strenger Geometrisierung, entstanden aus der plastischen Durchdringung von Würfel und Kugel.
Salische und staufische Bauten übernehmen in der Folge Techniken des Einwölbens aus Frankreich: einfache ***Tonnengewölbe*** zunächst, dann ***Kreuzgratgewölbe.***

BEISPIEL *Dom,* Speyer 1024–56/1080–1106
Der Dom zu Speyer entsteht wesentlich in zwei zeitlich aufeinanderfolgenden Bauabschnitten. Das ***Langhaus,*** Versammlungsraum der Gemeinde, erfährt die größten Umbauten. Grundsätzlich gilt, dass der Wandlungsprozess funktionaler oder ästhetischer Absichten, die Entwicklung neuer technischer Möglichkeiten, veränderte liturgische Bedürfnisse oder Notwendigkeiten immer ein modifiziertes, neu angepasstes, architektonisches Programm zur Folge haben. Neue Auffassungen von Raumgestaltung und Wandgliederung bestimmen vor allem die zweite Bauphase in Speyer. So erkennen wir hier den architektonischen Schritt von einer flach gedeckten ***Pfeilerbasilika*** hin zu der die Räume vertikal erweiternden Gestalt eines überwölbten Baus. Der *Dom in Speyer* wird zur ersten abendländischen Basilika mit ***Kreuzgratgewölben*** im Mittelschiff.

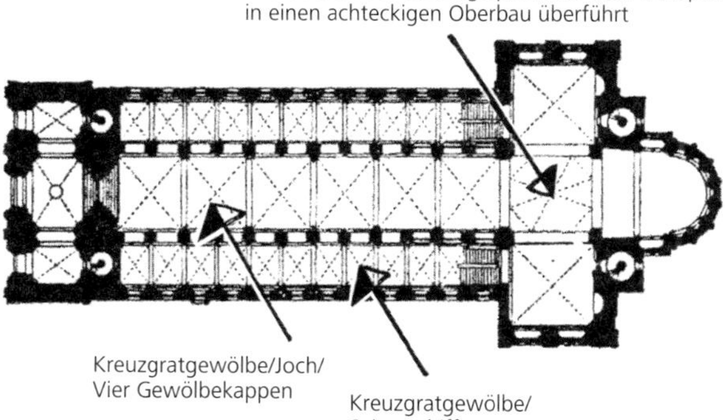

Die einzelnen Gewölbeeinheiten des ***Kreuzgratgewölbes*** bestehen aus zwei sich rechtwinklig schneidenden ***Tonnengewölben*** gleichen Querschnitts. Die halbkreisförmigen Querschnitte der einzelnen Gewölbekappen verlaufen einerseits quer zur Hauptachse des Mittelschiffs in Quergurten, gut erkennbar als statisch verstärkte ***Gurtbögen.*** Seitlich in Achsrichtung bilden sie als ***Schildbögen*** die oberen Abschlüsse der Mittelschiffswand. Die gebogenen Kanten der Kappen bilden die diagonalen Grate. Die halbkreisförmige Führung der Bögen in gleicher Höhe der Scheitel begründet einen Raumkörper über quadratischer Grundfläche: das ***Joch.***

Die Kombination des Mittelschiffsjochs quadratischer Grundfläche mit je zwei kleineren ***Jochen*** halber Seitenlänge in den anliegenden Seitenschiffen demonstriert erneut das Schema des ***gebundenen Systems,*** des ***quadratischen Schematismus.*** Die Aneinanderreihung gleicher ***Joche*** erklärt den gesamten Innenraum des Mittelschiffs zu einer Addition von Teilkörpern. Diese geben dem Raum seine Ordnung, in bestem Sinne seine Einheitlichkeit.
Mittels einer konstruktiv-statischen, greifbar plastischen Gliederung der Wände konnten die überwölbenden Deckenelemente gestützt werden. Jeder zweite Pfeiler erhielt eine tragende Halbrundvorlage. Diese Wandvorlagen setzten sich dann gewölbeübergreifend in den ***Gurtbögen*** fort. In der ***Arkadenzone*** des ***Untergadens*** bilden sie verbunden mit ihren Pfeilern die Hauptstützen.
Bemerkenswerterweise war der *Dom* zunächst ausschließlich mit schlichten ***Würfelkapitellen*** ausgestattet, um dann anlässlich der Einwölbung des Mittelschiffs mit skulptierten ***Kompositkapitellen*** oder Kapitellen korinthischer Ordnung geschmückt zu werden.
Der Außenbau des *Doms* zeigt grundsätzlich jenes von *St. Michael* bekannte, feste Baugefüge der Gruppierungen der Baukörper an beiden Enden. Drei Türme bekrönen den langgestreckten Baukörper in Ost und West. In dekorativem Sinne gegliedert und plastisch belebt wurden die Außenwände durch vorgeblendete ***Arkaden, Zwerggalerien*** und ***Lisenen.***

Gotik

Mit dem Baubeginn der *Abteikirche von St. Denis* (1137) und einige Jahre früher, mit der *Kathedrale von Sens* (1122–1142), können erste Anfänge des Stils belegt werden. Beide Kirchen gelten als die wesentlichen Gründungsbauten der Gotik. Sie entstanden in einer Zeit, deren sakrale Architektur noch für Jahrzehnte von romanischen Bauschulen bestimmt war. Der eigentliche Beginn des gotischen Baustils wird um 1200 angenommen. Erst dann hat sich die konstruktiv und formal eigenständige Formsprache allgemein durchgesetzt. Eine erste Auskunft über Auffassungen und Intentionen des Stils gibt *St. Denis* in jedem Fall.

BEISPIEL *Abteikirche St. Denis,* Paris 1137
Beim Bau des *Chores von St. Denis* werden Konstruktionselemente genutzt, deren ästhetische Form, Anmutung und statische Funktion das Wesen des Stils festlegen. Zunächst jedoch entsteht unter ABT SUGER die neue Westfront am vorhandenen karolingischen Langhaus. Sie besitzt eine ***Doppelturmfassade*** mit Fensterrose und drei Portale mit plastischen Statuen. Die Erbauer der *Kathedrale von Chartres* übernehmen dies Modell der Fassade umgehend (ab 1140). Von zentraler Bedeutung innerhalb der gotischen Bauentwicklung ist vor allem die Konzeption des ***Chorraums*** (1140–43). Er zeigt im Grundriss eine vielgestaltige Anlage mit ***kreuzgewölbten Schmaljochen*** in Verlängerung des Mittelschiffs, ***doppeltem Chorumgang,*** der nach außen hin von sieben flach gekurvten Kapellen abgeschlossen wird. Die Choraußenwand besitzt dadurch eine lebendig bewegte Struktur. Von enormer Innovationskraft ist die vollständige ***Durchfensterung*** mit farbiger Verglasung. Für das Innere entwirft der Bauplan bezüglich des doppelten Umgangs eine größere Anzahl von Teilräumen unregelmäßiger Grundrisse. Mittels romanischer ***Kreuzgratgewölbe*** (bei gleicher Scheitelhöhe der Halbkreisbögen und der Bindung an den quadratischen Grundriss) wäre eine Einwölbung hier nicht mehr möglich gewesen. Die Baumeister wählen normannische ***Rippengewölbe,*** die in neuer Bautechnik errichtet werden können. So erstellt man zunächst die Rippen, gleich einem statischen Baugerüst, um anschließend leichtgewichtige Gewölbekappen zwischen diese Gewölbeträger einzuziehen. ***Rippenbögen, Scheid-*** und ***Gurtbögen*** erbaut man als ***Spitzbögen*** nach burgundischem Vorbild. In seiner steil ansteigenden Schräge ermöglicht der spitze Bogen eine weitaus vertikalere Aufnahme der Lasten, entlastet die Wandflächen und gestattet flexiblere Wölbekonstruktionen über schmal rechteckigen oder unregelmäßigen Grundflächen.

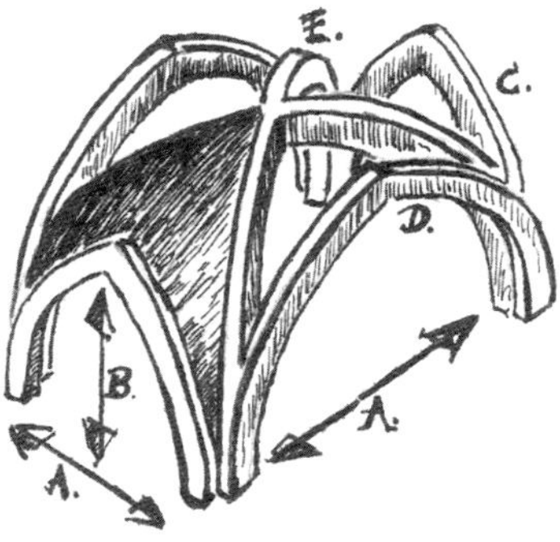

A. Spannweite
B. Scheitelhöhe
C. Schildbogen
D. Gurtbogen
E. Diagonalrippe

Kreuzrippengewölbe mit Spitzbögen verschiedener Spannweite bei gleicher Scheitelhöhe, eine Gewölbekappe geschlossen

Die *Kathedralen von Senlis, Paris, Chartres, Reims* oder *Amiens* finden und entwickeln die Grundlagen ihrer Formsprache in den frühen gotischen Sakralbauten der Ile-de-France. Am Beispiel des ersten Bauwerks der klassischen ***Hochgotik,*** der *Kathedrale von Chartres,* sei das gotische System exemplarisch erläutert.

BEISPIEL *Kathedrale,* Chartres 1195–1260
Der Grundriss erweitert den basilikalen Bautyp in vielfältiger Weise. Einem dreischiffigen ***Langhaus*** folgt ein dreischiffiges ***Querhaus,*** welches den fünfschiffigen ***Langchor*** mit ***doppeltem Umgang*** und einem ***Kapellenkranz*** von fünf Radialkapellen vorbereitet. Gleich der mächtigen Westfassade gibt man den Querhausarmen bauliche Abschlüsse mit Doppelturm und Portalvorhalle. Im Gegensatz zur romanischen, von Mauerflächen bestimmten Mittelschiffswand zeigt sich der Wandaufbau nun geöffnet und erhöht. Seine Struktur gliedert sich dreiteilig in eine hohe ***Arkadenzone,*** das ***Triforium*** und den zum Gewölbe hin abschließenden, hohen ***Obergaden.*** In völliger Auflösung der Wand ist dieser gänzlich durchfenstert. Die im ganzen Bau deutlich gewordene, gesteigerte Vertikalität findet ihre technische Begründung in der Gestalt jenes statischen Gerüsts, der gotischen Konstruktion: dem ***Strebewerk.***
Bestehend aus einem System stützender ***Strebepfeiler*** und Bögen, ist es seine Aufgabe, die bauliche Last, den Schub von Gewölbe und Dach, in linearen senkrechten Gegenlagern aufzunehmen und zum Boden hin abzuleiten. Als ein auch ästhetisch einheitliches, statisches Gerüst wird der Außenbau der ***Strebepfeiler*** im Inneren von ***Bündelpfeilern, Diensten*** und ***Rippengewölben*** ergänzt. Die statische Bedeutung der Wände entfällt, sie brauchen kein Gewicht mehr zu tragen. Als entbehrliche Bauteile können sie nun geöffnet und verglast werden.
Das ***gebundene System,*** die Rhythmik des ***Stützenwechsels*** der Romanik überführen die Baumeister der Gotik in eine gleichmäßige, schnell fortlaufende Reihung gotischer ***Joche.*** Die dazu benötigten Überwölbungen der schmalen Mittelschiffsrechtecke bedienen sich der konstruktiven Möglichkeiten des ***Spitzbogens*** und des ***Strebewerks.***
Das im inneren und äußeren Bauwerk erkennbare Aufwachsen der gesamten Architektur entspricht inhaltlich einer neuen religiösen Gesinnung: Durch die Auflösung der Wandflächen verliert der Bau jegliche Schwere, die Höhensteigerung verleugnet jegliche Relation zum menschlichen Körpermaß, der Innenraum beginnt gleichsam in mystischem Licht zu schweben. Alles ist einem allgegenwärtigen Himmels-Streben zugeführt. Die Kathedrale wird zum steinernen und gläsernen Abbild des Himmels.

Renaissance

Die Architektur der Renaissance weist erneut antike Elemente auf, veranschaulicht die Wiederaufnahme antiker Gestaltungsprinzipien. Das zehnbändige Werk *De architectura (Über Architektur)* des römischen Baumeisters VITRUV (Vitruvius Pollio) ist hierbei von großem Einfluss. Man übernimmt grundlegende ästhetische Wertungskriterien, Motive und Anschauungen, sieht die menschliche Gestalt als Basis maßvoller Formgebung, rückt die planvolle Überschaubarkeit harmonischer Proportionalität ins Zentrum baukünstlerischen Gestaltens. Ausgangspunkt und Zentrum der Renaissance wird Florenz, wo durch Bankwesen und Tuchhandel reich gewordenes und sebstbewusstes Bürgertum lebt.

BEISPIELE

San Andrea, Mantua 1472
Tempietto von S. Pietro, Montorio, Rom 1502
Palazzo Rucellai, Florenz 1446
Palazzo Strozzi, Florenz 1489–1500
Villa Capra, La Rotonda, Vicenca 1550

Zentralbauten

San Andrea bindet in die Grundform des lateinischen Kreuzes einen dominierenden Zentralbau der östlichen Bauteile. Dabei entsprechen die baugleichen Querhausarme der Kirche dem kurzen Chorrechteck. Formal sind sie der mächtigen, zentralen Vierung mit Tambourkuppel zugeordnet und verkörpern in ästhetischer Konsequenz das Ideal der Renaissance, Raum und Raumhülle in gleichmäßiger Weise von einem Zentrum aus zu gestalten. Darüber hinaus zeigt sich der Bau als wuchtige, tonnenüberwölbte ***Saalkirche*** mit Seitenkapellen von gleicher Einwölbung. In harmonischer Übereinstimmung von Außenfassade und Innenbau nutzt ALBERTIS Planung in beiden Fällen das Motiv der Durchdringung von antiker Tempelfront und Triumphbogen (Vorbau, seitliche Innenwände).
Eine von BRAMANTE erbaute römische Kapelle, Tempelchen genannt *(Tempietto),* repräsentiert die Idee des zentralen Baus und der Sehnsucht nach ästhetischer Vollendung und Proportioniertheit in besonderer Weise. Als von dorischen Säulen umstandener Rundbau mit Tambour und Halbkreiskuppel bezeugt das Beispiel die demonstrative Hinwendung zu Formen wie Kreis und Kugel. Nahezu alle Umrisse und Körper entwickeln sich aus jener Geometrie. Der Grundriss des zentralen Zylinders entspricht in seinem Durchmesser exakt der halben Gesamthöhe, andere Maßverhältnisse werden von den Proportionen des ***Goldenen Schnitts*** bestimmt.

In der Vollkommenheit baukünstlerischer Ausdrucksmittel, der Ruhe, Würde und Schönheit ihrer Erscheinung, ihrer Überschaubarkeit und ästhetischen Vollendung offenbart sich dem Renaissancemenschen göttliches Sein, Gott selbst. Die Zeitgenossen nehmen Gott im vollkommenen baulichen Symbol wahr. Damit wenden sie sich gegen die Formen gotischer Sakralbaukunst, wo man Gott gerade in seiner Unfassbarkeit, der Unendlichkeit einer scheinbar unbegrenzten, vertikalen Raumhöhe finden wollte.

Renaissancepalazzi und Villen

Der ***Palazzo*** wird zur herrschaftlichen Behausung großbürgerlichen Lebens. Meist entworfen von namhaften Künstlern und Architekten, sind sie erbaute Zeichen neuer Weltsicht und Selbstdarstellung.

Mit drei Geschossen, die von ***Gurtgesimsen*** getrennt und oben von eindrucksvollem ***Kranzgesims*** abgeschlossen sind, präsentiert sich der *Palazzo Strozzi* in Florenz. Sein Baukörper zeigt sich als wuchtig wehrhafter Block und greift baugeschichtlich auf die Form des römischen ***Peristylhauses*** zurück. Der frei stehende Stadtpalast gruppiert seine von außen wahrnehmbaren Gebäudeteile um einen zentralen, mehrgeschossigen ***Arkadenhof.*** Regelmäßige Reihungen rundbogiger Doppelfenster bestimmen die Ansicht der Fassade. Durch zugefügte ***Pilasterstellungen,*** später Arkadenpfeiler und Bögen, erweitern die Architekten der Renaissance das eher einheitliche Bild der Bauten.

Von vollendeter künstlerischer Reife, formaler Stimmigkeit, streng symmetrischer Perfektion und neu definierter antiker Sprache sind die ***Landhäuser*** (Villen) PALLADIOS. Mit dem Bau der *Villa Rotonda* entsteht ein tempelartiger, repräsentativer Profanbau, dessen Außenansicht bereits die Logik des gesamten Baukörpers verdeutlicht.

Barock und Rokoko

Ist die Architektur der Renaissance „die Kunst des schönen ruhigen Seins" (WÖLFFLIN), so strebt der Barock nach anderen Wirkungen: Voller Spannung, lebendiger Kraft, unregelmäßig, ausladend und bewegt, sucht er die Schönheit der antiken Welt mit fantasievoller, oft ausschweifender Gestaltung zu übertreffen. Dennoch sind Barock und Renaissance als zusammenhängende Epochen begreifbar, finden sich gemeinsame Grundlagen in der stilprägenden Orientierung an antiker Baukunst, der Systematik antiker Säulenordnungen wie auch in der Auseinandersetzung mit vitruvianischer Literatur.

Plastische, kraftvoll bewegte Formen und ausdrucksstark gekurvte Konturen sind Hauptkennzeichen barocker Ausdrucksmittel. Zu dekorativer Steige-

3

rung der Raumwirkung nutzt man skulpturalen Schmuck, Stuck und Malerei. Jene übersteigerte, graziös-zarte, so überaus elegante, letzte Phase des Barock trägt die eigenständige stilgeschichtliche Benennung Rokoko.

Schlossanlagen des Absolutismus

Es sind die französischen Könige, welche in einem weit ausholenden, effektvollen und eindringlich gestalteten baukünstlerischen Programm Herrschaftsbauten leidenschaftlicher, glanzvoller, scheinbar grenzenloser Repräsentationskraft errichten. Voller Selbstbewusstsein und Souveränität bezeugen diese Anlagen die Vorstellungen und Weltanschauung absolutistischer Herrscher. Die barocken Schlösser Frankreichs werden zum europäischen Vorbild absolutistisch-profaner Baukunst. Sie deklamieren die Sprache des Absolutismus, setzen den Herrscher in Szene. Der Barock inszeniert in seiner Gartengestaltung, seinen Schlossparks gar die Natur selbst. Der Garten wird ganz und gar auf perspektivische Fluchtlinien und -punkte hin angelegt. Hauptachse ist die verlängerte Mittelachse des Schlosses.
Nach dem Vorbild von *Schloss Vaux-le-Vicomte* erbaut, entwickeln sich die Palastbauten der *Schlossanlage von Versailles* bald zum prächtig pompösen Sitz des königlichen Hofes Ludwigs XIV. In aufwändigen Bauabschnitten unter den verschiedensten Architekten erstellt und erweitert, wird ein Baukomplex das definitive höfisch-politische Zentrum des absolutistischen Zeitalters in Westeuropa.
Architektonisch präsentiert sich Versailles als durchgegliederter Bau gewaltigen Ausmaßes, als bauliches Symbol eines Herrschers von Gottes Gnaden. Die symmetrische ***Dreiflügelanlage*** mit dem ***Corps de logis*** (Mittelteil) und den beiden Seitentrakten umrahmt in gestufter Erweiterung den riesigen ***Ehrenhof*** (Empfangshof). Dieser öffnet sich zur Stadtseite hin, führt in anderer Richtung Besucher zu den gewaltigen Räumlichkeiten der Einfahrtshallen, Vorräumen und überwältigenden Treppenhäusern, deren Funktion offensichtlich die Demonstration königlicher Macht und Größe ist.
Zur Schauseite, der Gartenseite hin, dominiert im Hauptgeschoss der Festsaal. Mit den weit ausgreifenden Gebäudeflügeln öffnet sich die Anlage des Schlosses, gelingt die Verklammerung von Baukörpern und offener, künstlich angelegter Landschaft. Genau im Zentrum der Anlage befindet sich das Schlafzimmer des Königs. Für Minister und Garden besitzt das Schloss nach der Erweiterung von 1677 bis 1688 zusätzliche, teils selbstständige Flügel. Schlosskapelle, Schlosstheater, Konzertsäle, zahllose Innenhöfe, Appartements für Adel und Staatsverwaltung vervollständigen den monumentalen Gesamtbau.

BEISPIELE
Schloss Vaux-le-Vicomte, bei Paris 1656–1661
Schloss Versailles, bei Paris (1623)1661–1756/1848

Kirchenbauten der Gegenreformation

Von spannungsvoller Durchdringung und äußerster Lebendigkeit der Innenräume geprägt, beschreibt die Wallfahrtskirche *Vierzehnheiligen* ein dynamisches Konzept, das typisch ist für die Kirchenbauten der Gegenreformation. Der Außenbau mit seinen aufragenden Fassadentürmen der ***Doppelturmfront,*** seinem basilikalen ***Langhaus,*** verrät nicht viel von der Gestaltung des Innenraums. Eigentlich dreischiffig, wurde der Bau durch die augenscheinliche Betonung des östlichen Teils des Mittelschiffs in einen ***Zentralbau*** umgedeutet. In ovalem Grundriss umfängt dieser zentrale Raum den in seiner Mitte erbauten Wallfahrtsaltar und legt darin die Grundform des Grundrisses fest. Beidseitig, in gleicher Längsachse wiederholt sich das Oval in ***Chor*** und westlichem Eingangsbereich. ***Chor*** und ***Vierung*** bleiben dabei jedoch architektonisch unbeachtet; ohne eigenständigen Wert haben sie sich ganz dem zentralen Oval zuzugesellen. Ergänzende, kleinere elliptische Einheiten im Langhaus und Kreisformen in den eher kurzen Querhausarmen vollenden die kurvige Beschwingtheit des gesamten Grundrisses.
Spannenderweise verleugnet die ganze Einwölbung *Vierzehnheiligens* die beschriebene Ordnung des Plans. So wurden die verschiedenen Gewölbeeinheiten fließend miteinander verbunden, prächtig geschmückt und bemalt. Dieser spätbarocke ***Einheitsraum*** strebt in all seinen Mitteln nach religiöser Entrücktheit, entfaltet mit sanfter Würde in sinnenhafter Feierlichkeit seine bezaubernd graziöse Schönheit. Seine Komposition sich berührender, schneidender Ovale bleibt überraschend, intellektuell und verspielt zugleich.

BEISPIEL
Vierzehnheiligen, Wallfahrtskirche, Lichtenfels 1743–1772

3.4 Wege in die Moderne

Nach der Französischen Revolution verlieren Adel und Klerus allmählich ihre Bedeutung und ihren bestimmenden Einfluss als kulturelle Auftraggeber, als Förderer der Künste und geschmacksbildende Schichten. Das Bürgertum übernimmt die gesellschaftlich-kulturelle Funktionen. In relativ schneller Folge entstehen im späten 18. und im gesamten 19. Jh. unterschiedliche stilgeschichtliche Ausrichtungen, die teilweise zeitgleich existieren.

Klassizismus

In Übereinstimmung mit den kunsthistorisch-theoretischen Schriften WINCKELMANNS (▶ S. 45) erbaut man seit etwa 1770 Gebäude, die stilistisch auf Architekturformen des klassisch-antiken Griechenlands zurückgreifen. WINCKELMANN wendet sich gegen Verwirrungen des Formensinns, gegen die „Maßlosigkeit im Ausdruck" der Barockkunst und fordert die Nachbildung des antiken Schönen, um eine neue Schönheit, ein neues Ideal, eine neue Kunst entstehen zu lassen. Diese Auffassung realisiert sich im Klassizismus. Der rationalen Haltung der Aufklärung entspricht eine Kunst, die Logik und Maß veranschaulicht. Konsequente gestalterische Klarheit, nüchtern-logische Gliederung, strenge und kühle Monumentalität formen nunmehr die Ansichten einer Architektur, deren Bauten von antikisierenden, oft tempelähnlichen Fronten bestimmt sind. Beispielhaft verkörpern staatliche Repräsentationsgebäude, Wohnbauten und nicht zuletzt der Sakralbau klassizistische Auffassungen. Zum trefflichsten Thema des Stils werden die Tempel der Kunst: Museen und Theater.

BEISPIELE

Schauspielhaus, Berlin 1818–1821
Bauakademie, Berlin 1832–1835
Glyptothek, München 1816–1830
Britisches Museum, London 1823–1847

Für SCHINKEL bietet die klassische griechische Antike ein erstrebenswertes Vorbild von Tugend, Schlichtheit und Harmonie. Antike Tempelstirnwände prägen das Schauspielhaus, das SCHINKEL für die preußische Hauptstadt baut. Der erhöhte zentrale Mittelbau (Spielstätte des Theaters) findet beidseitig seinen oberen Abschluss in mächtigen Dreiecksgiebeln. Im vorgesetzten ionischen ***Portikus*** mit sechs Säulen und vorgelagerter breiter Freitreppe nimmt der Bau das Motiv des Giebels erneut auf. Seitlich erweitert sich der Baukörper durch Flügel, die zusammen mit Mittelbau und ***Portikus*** dem Plan nahezu die Gestalt eines griechischen Kreuzes geben. Hohe, schmale Fenster, ohne antike Gestaltungsmittel, in gleichmäßigen Reihungen den beiden Hauptgeschossen eingeordnet, zeigen eine moderne Formsprache. Wieder von antiker Form ist der horizontale Abschluss der Wände, ein das Bauwerk umlaufender ***Architrav.***
In der konsequenten Trennung der drei Aufgabenbereiche des Theaters (Spielstätte, Konzertsaal, Verwaltung und Lager) lässt der Architekt zweckbezogenes Denken erkennen. Sein Bau verbindet in prägnanter Weise eine ästhetisch gewünschte, repräsentative, streng-klassische Form mit überzeugender Funktionalität und architektonischer Würde.

Befreit von historischen Ausdrucksmitteln, erbaut SCHINKEL wenige Jahre später eines seiner radikalsten, nüchternsten Gebäude. In ihrer totalen Schmucklosigkeit konnte seine *Berliner Bauakademie* Vorbild für eine sachlich-moderne Architektur werden.

Eine Sonderstellung innerhalb klassizistischer Baukunst hat die ***Revolutionsarchitektur*** von BOULLÉE und LEDOUX. Ihre Kuben, geometrischen Formen und gigantischen Kugelbauten bezeugen elementares Denken, eine Suche nach neuen Lösungen. In der Realität blieben ihre Ideen meist nur Plan, Zeichnung, Entwurf.

BEISPIEL *Newtonkenotaph,* Entwurf eines Denkmals, 1784

Historismus

Der Rückgriff des ***Klassizismus*** auf Stilmerkmale einer längst vergangenen Epoche steht im Zusammenhang mit dem wachsenden Interesse der Menschen für historische Kunst. Vor dem Hintergrund dieser Rückwendung entfaltet sich die Ära des Historismus.

BEISPIELE

Houses of Parliament, London 1836–67
Grand Opéra, Paris 1861–1874
Sainte-Clotilde, Kirche, Paris 1846–1857
Friedenskirche, Potsdam 1845–1848
Kristallpalast, London 1850–1851
Villa Hügel, Essen 1868–1873

ZITAT

Da es an einem neuen Stil fehlt, pflegt man den Historismus, das ist ein freier Umgang mit der gesamten Baugeschichte.
CÉSAR DALY 1859

Der Historismus zielt auf die Wiederbelebung historischer Formensprache, die begründete Nachahmung historischer Kunst oder gar die willkürliche Übernahme beliebiger Formelemente der Vergangenheit. Neben den Formen der ***Antike*** greift man auch auf Bauformen der ***Gotik,*** der ***Renaissance,*** des ***Barock*** und der ***Romanik*** zurück – bis hin zur Zusammenführung gegensätzlicher Stile am gleichen Ort (***Eklektizismus*** ▶ S. 48). Es erscheint legitim, aus Elementen und Strukturen ganz verschiedener Stilrichtungen

ein neues Werk zu errichten. Erbaut man Kirchen in gotischem Stil (***Neogotik,*** *Werdersche Kirche in Berlin*), Rathäuser im Stile der Renaissance (***Neorenaissance,*** *Rathaus von Rotterdam*), Museen klassisch und Landhäuser maurisch oder im Gewande des Barock, so geschieht dies mit der Überlegung, dass diese Stile zum jeweiligen Zweck der Bauten passen sollen: Das gotische Zeitalter gilt als die Epoche tiefster Religiosität, der Renaissancepalazzo ist Inbegriff weltlicher Macht. Ähnlich begründet, entstehen die neugotischen *Houses of Parliament* mit Glockenturm *(Big Ben)* entlang der Themse (auch als Erinnerung an die Magna Charta von 1215), entwirft GARNIER die prunkvollen Fassaden und repräsentativen Innenräume der *Grand Opéra* in Paris im Stile venezianischer ***Renaissance*** und der Pracht des ***Barock.*** Einem zugehörigen, leicht versteckt gelegenen Verwaltungsbau gibt GARNIER hingegen die Nüchternheit des ***Louis-XIII.-Stils.*** Zur gleichen Zeit wächst *Sainte-Clotilde* in gotischem Stil und einige hundert Kilometer entfernt die *Friedenskirche* in frühchristlicher Einfachheit.
Baukunst gestaltet sich im Historismus allein in den Händen der Architekten. Konstruktion und Funktion sind Aufgaben des Ingenieurs. Bauten der Ingenieure waren demnach keine Kunst, zeitigten jedoch den technologisch-funktionalen Bestand der Zeit. PAXTONS *Kristallpalast* demonstriert die Tugenden jener ***Industriearchitektur.*** Im riesigen Gebäude der Weltausstellung von 1851 manifestierten sich die Überzeugungen industriellen und wirtschaftlichen Fortschritts. Stilistisch wird der Bau zum Impulsgeber vorbildfreier, technisch konstruierter Großbauten aus Eisen und Glas. Mittels normierter, in Fabriken bereits als Massenprodukt gefertigter Bauteile (gusseiserne Stützen, Verstrebungen, Träger) und einer systematischen Montage entsteht das statische System des modernen ***Skelettbaus.*** Eine vergleichbare ***Eisen-Glas-Konstruktion*** waren die Pariser Markthallen des 19. Jh.s: *Les Halles.*

Jugendstil

Zum Ausklang des Jahrhunderts sind es zwei Engländer, die in gemeinsamem Hass auf die Maschinenkultur der expandierenden Industrie, gänzlich anachronistisch, für eine neue Ganzheit aller Künste, für eine vollständige Einheit von Kunst und Leben kämpfen. In romantischer Verklärung propagieren RUSKIN und MORRIS die Rückkehr zur wertbeständigen Handwerksarbeit des Mittelalters. Die baukünstlerischen Vorstellungen jener ***Arts and Crafts***-Bewegung orientieren sich an den bescheiden-ländlichen Häusern des 17. und 18. Jh.s. Ihre Utopie, ihren Zeitgenossen die Werte einer umfassenden, gesamtkünstlerischen Lebensgestaltung vermitteln zu können, inspiriert die Künstler des Jugendstils. Ihre Vorliebe für flächig stilisierte Pflanzenmotive ist gleichfalls Vorbild, Materialgerechtigkeit und Betonung handwerklicher Qualität sind prägend.

Der Jugendstil selbst zeigt sich als internationale Bewegung, dessen kurze Geschichte einige Jahre vor der Jahrhundertwende beginnt. Die Radikalität der Ablehnung jeglicher Stilelemente vergangener Kunst öffnet den Weg in die Moderne. Vereinfacht gesehen, lassen sich zwei Tendenzen innerhalb des Stils erkennen: Auf der einen Seite die Suche nach neuen, der Natur entnommenen Formen des Ornaments, auf der anderen Seite, weitaus origineller, Prozesse der Formfindung auf anschauungsdynamischer (dynamografisch-abstrakter) Grundlage. Mit den Bauten OLBRICHS, MACKINTOSHS und BERLAGES wird dem ***Historismus*** eine neue Formensprache entgegengesetzt, auch wenn bis in die Gegenwart der Postmoderne hinein historistische Rückgriffe festgestellt werden können (BOFILL, *Le Viaduc, Palais d'abraxas*). Dies alles geschieht zu einem Zeitpunkt, da SULLIVAN, Architekt früher Hochhausbauten in den USA, die zweckbezogene Architektur einfordert, die bauliche Funktionstüchtigkeit zur Basis ästhetischen Ausdrucks macht („Form follows function“).

BEISPIELE
Ausstellungshalle Wiener Sezession, Wien 1898
Börse, Amsterdam 1898–1903
Palais Stoclet, Brüssel 1905–1914

ZITAT
Form follows function.
LOUIS H. SULLIVAN 1896

3.5 Zwischen Traditionen, Moderne und Postmoderne

Die klassische Moderne – Der Internationale Stil

ZITAT

Architektur ist das kunstvolle, korrekte und großartige Spiel der unter dem Licht versammelten Baukörper. Unsere Augen sind geschaffen, die Formen unter dem Licht zu sehen: Lichter und Schatten enthüllen die Formen; die Würfel, Kegel, Kugeln, Zylinder oder die Pyramiden sind die großen primären Formen, die das Licht offenbart; ihr Bild erscheint uns rein und greifbar, eindeutig. Deshalb sind sie schöne Formen, die allerschönsten. (Ausblick auf eine Architektur)

LE CORBUSIER 1922

LE CORBUSIER muss neben GROPIUS, MIES VAN DER ROHE, LOOS und WRIGHT als wichtigste kreative Kraft des ***Neuen Bauens*** genannt werden. Die Veröffentlichung des Buches *The International Style, Architectur since 1922* (HITCHCOCK, JOHNSON) gibt dem Baustil seinen noch heute gebräuchlichen Namen. Nach einigen vorbereitenden Gebäuden, die ganz im Verständnis einer architektonischen Avantgarde vor dem Ersten Weltkrieg entstehen, findet der Stil seine größte Verbreitung in den ersten Jahrzehnten nach 1920. Die Verwendung reiner Formen, die bewusste Reduktion auf grundsätzlich-elementare Baukörper, der absolute Verzicht auf Ornament, Profilierung und Dekoration liegt nicht allein im puristischen Formwillen einer strikt-modernistischen Ästhetik begründet. Vielmehr schlägt sich hier eine neue Art des Denkens, eine soziale, ethische Dimension in der Formsprache des Internationalen Stils nieder. Architektur verzichtet darauf, bloße Negation vergangener Baukunst zu sein. Im Glauben an die Zukunft erdenkt man neue Strukturen der Städte, neue Häuser. Eine Architektur der Maschine soll zum modernen Mythos werden, das Haus ein Werkzeug. ***Neues Bauen*** steht für Ordnung, Logik, Rationalität und Einheit, gegen Willkür und falsche Herrschaft, ist damit zutiefst politisch.

Das Bemühen, Gebrauchsformen in Design und Architektur zunächst nach ihrer Funktion und nicht etwa nach dekorativen Gesichtspunkten zu gestalten, wird unter dem Begriff ***Funktionalismus*** zusammengefasst. Als Theorie moderner Architektur und modernen Designs geht sie auf GREENOUGH (1805/1851), SULLIVAN (1856/1924) und MUTHESIUS zurück. Der ***Deutsche Werkbund*** und das ***Bauhaus*** systematisieren und verbreiten diesen Grundgedanken.

Die Gegner des ***Funktionalismus*** halten den funktionalistischen Bauten und Gebrauchsgegenständen ihre emotionsferne, technische Kälte und Gesichtslosigkeit vor. Aus dieser Haltung heraus entsteht später die ***postmoderne Architektur*** (▶ S. 132).

BEISPIELE

Haus Tugendhat, Brünn 1928–1930,
Bauhaus-Gebäude, Dessau 1925–1926

Ein hochentwickeltes, orthogonal bestimmtes System einer ***freien Grundrissbildung*** strukturierte den Brünner Bau MIES VAN DER ROHES. Im großen Hauptraum sind es glänzend chromummantelte Stützen, die statische Aufgaben übernehmen. Tragende Wände entfallen, das Haus kann in befreiter, fließender Räumlichkeit Funktionsbereiche festlegen, sich im Inneren und auch zum Außenraum hin öffnen. Die Disziplin geometrischer Formgebung führt hier keineswegs zu einer trocken-rudimentären Zweckhaftigkeit. Raffinierte Proportionen und Raumfolgen, größte Präzision des Bauens und die enorme Eleganz der Mittel lassen das *Haus Tugendhat* zum kühlen Meisterwerk des Internationalen Stils werden.

Primäre, stereometrische Baukörper, Verzicht auf Bauschmuck, das strahlende Weiß der Oberfläche, die gleiche Abstraktion und Reinheit, all dies trifft man im Schul- und Verwaltungsgebäude des *Dessauer Bauhauses* in gleicher Weise. Ohne Schaufassade, frei nach allen Seiten, richten sich die Flügel des Gebäudekomplexes winklig in den Außenraum der Landschaft. Die besten Gebäude jenes neuen Architekturprogramms finden, ohne je lokale Bautraditionen zu adaptieren, ihre Vollkommenheit in sich selbst.

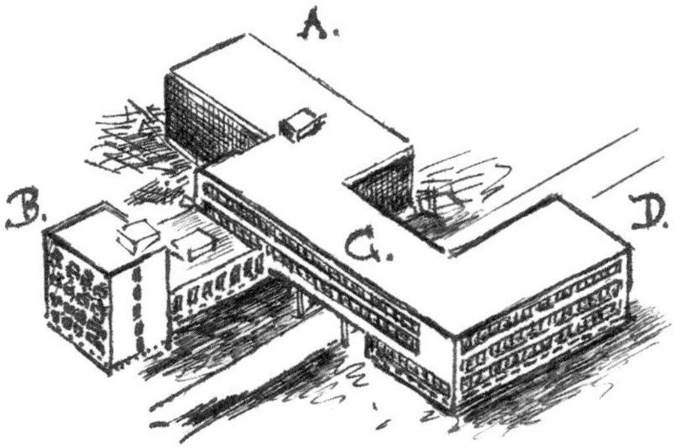

A. Werkstattflügel
B. Wohn-Atelierhaus
C. Direktorzimmer und Verwaltung
D. Klassenräume

Das Bauhaus, Dessau

Verkommt der reinigende Akt architektonischer Konzentration auf das Elementare zu einer nur ökonomisch begründeten Einfachheit, zu einer seelenlosen, billig reproduzierbaren Simplizität, dann wird die zunächst als moralisch-ästhetisches Ideal gedachte Rationalität des Baus zum lebensfeindlichen Dogma.

Im ***Bauhaus*** in Dessau, das 1919 als Hochschule für Kunst und Kunstgewerbe gegründet worden ist (Staatliches Bauhaus Weimar), versammelt GROPIUS, der erste Direktor, Künstler, Architekten und Designer, um den Gesetzmäßigkeiten guter Gestaltung auf den Grund zu gehen und Studierenden die Erkenntnisse aus dieser Arbeit zu vermitteln.
Das Bemühen um eine einfache, allgemeingültige Formensprache der Bauhaus-Meister führt zu einer Vielzahl wegweisender Entwürfe in Architektur, Produktdesign und anderen Gestaltungsfeldern. Das *Bauhaus-Gebäude* aus dem Jahre 1926 versinnbildlicht in seiner Architektur das Bedürfnis nach Klarheit, Funktionalität und Anschaulichkeit.

Architektur im NS-Staat

Die Impulse der avantgardistischen Architektur des ***Bauhauses*** und des ***Internationalen Stils*** sind zwar von enormem Einfluss auf die weitere Baugeschichte des 20. Jh.s, tatsächlich realisiert werden nur wenige Bauten. Ein Verständnis oder gar allgemein-gesellschaftliche Akzeptanz avantgardistischer, ästhetisch-sozialer Positionen des ***Neuen Bauens*** entwickelt sich nicht. Im Wohnungsbau dominieren weiterhin traditionelle, handwerksbetonte Bauformen. Offizielle Gebäude der Weimarer Republik adaptieren monumentalisierende Stilformen, wie sie in der *Deutschen Botschaft* in St. Petersburg beispielhaft von BEHRENS formuliert werden. Die Zeit zwischen der sogenannten Machtergreifung im Januar 1933 und der deutschen Kapitulation im Jahre 1945 korrespondiert im baugeschichtlich-stilistischen Sinne sehr wohl mit jenen etablierten Modellen konservativ-traditionalistischer Vorstellungen. Das erklärte Feindbild nationalsozialistischer Architektur ist die „entartete Moderne“.
Die architektonische Produktion der NS-Zeit konzentriert sich im Grunde auf den ***Repräsentationsbau, Staats-*** und ***Parteibauten.*** Die Entwicklung des Wohnbaus bleibt dagegen sowohl in ihrem Umfang als auch der formalen Kennzeichnung bedeutungslos. Bodenständige ***Kleinsiedlungen*** entsprechen dabei ideologisch der Doktrin des NS-Staates. Städtefeindlichkeit wird Prinzip des deutschen Faschismus bis etwa 1937. Die Versinnbildlichung des NS-Staates, der NS-Ideologie sucht die „Neue Deutsche Baukunst“ besonders in großen Baumaßnahmen zu verwirklichen. Als Ideologieträger faschisti-

scher Weltsicht sind diese Großbauten meist ohne sozialen oder wirtschaftlichen Nutzen, dienen allein der Selbstdarstellung der NS-Herrschaft.

BEISPIELE

Haus der Deutschen Kunst, München 1933–1937
Reichsparteitagsgelände, Nürnberg ab 1934
Den ***monumentalen Stil*** faschistischer Architektur definiert erstmals TROOSTS Münchner *Haus der Deutschen Kunst.* In seinem Formenapparat von streng neoklassizistischer Ausprägung erinnert es an SCHINKELS klassizistischen Berliner Museumsbau (*Altes Museum,* 1822–1828). Die der Nord- und Südseite des Gebäudes vorgelagerten Säulenhallen mit je 22, nahezu zwölf Meter hohen Säulen veranschaulichen klassische Gestaltung. Deutlich am Klassizismus des frühen 19. Jh.s. (▶ S. 45, 122) orientiert, fordert das starre, im Stadtbild sehr isolierte Gebäude eine Form überzeitlicher Gültigkeit, beansprucht ideologische Größe. Einen ***Neoklassizismus*** radikaler Härte, von monumental-übermenschlicher Kolossalität, zeigt SPEER mit dem Bau des *Nürnberger Reichsparteitagsgeländes.*
Für Jahrtausende der Zukunft gedacht, werden bei der Auswahl der Materialien (Granit und Marmor) Ewigkeitswert und Ruinenwert zu bestimmenden Kategorien. Bestehend aus *Zeppelinfeld, Märzfeld, Deutschem Stadion* und einer *Kongresshalle* sollen geplante 30 Quadratkilometer bebaut werden. Das gesamte Gelände bot Platz für eine Million Menschen, allein das *Zeppelinfeld* besaß ein gigantisches Aufmarschfeld für über 300 000 Soldaten und Mitglieder der Partei. An jedem Platz, in jedem Raum ist mit architektonischen Mitteln die vorbestimmte Position des Führers hervorgehoben, sollen Menschenmassen als präzis festgelegte Teile des Plans die vermessenen Leerflächen der Architektur füllen. SPEERS Tribüne des *Zeppelinfeldes* zeigt sich als große Treppenanlage mit langer Pfeilerhalle, das Tribünenhaus altargleich, zentral wuchtig aufgerichtet. Beidseitig beschließen mächtige Steinkörper die Front der Pfeilerhalle. Mit den gewaltigen Ausmaßen einer Länge von 400 m und der Höhe von 24 m wird die Tribüne zum Symbol der Allgegenwart und des Machtanspruchs der Partei.

Der architektonische Rahmen jährlicher Selbstinszenierungen des NS-Regimes war Ausdruck der Machtverhältnisse von totalitär-diktatorischer Herrschaft und unterworfener Masse. Dem Gigantismus dieses Denkens entsprachen Visionen vom Umbau Berlins zur Welthauptstadt *Germania,* die SPEER entwickelte.

Perspektiven der Nachkriegsarchitektur

Nach 1945 belebt sich die ***klassische Moderne*** erneut. Dies wird umso verständlicher, als sich die ***Moderne*** in ihrem Bemühen um einen rational-zeitlosen Bezug auf das Eigentliche, das Primäre, nicht nur in der Rolle des grundsätzlich Fortschrittlichen sah. Sondern sie ist auch in ihrem sozialutopischen Anspruch explizit darauf angelegt, nicht bloß zeittypischen Moden zu folgen.

In den 50er-Jahren entsteht in jenem optimistischen Lebensgefühl einer Gesellschaft nach dem Krieg eine Formsprache neuer Dynamik und lebendig plastischer Durchdringung. Noch der ***Moderne*** zugehörig, zum Teil von deren namhaftesten Vertretern gestaltet, entwickelt sich eine freiere Variante des absolut gesetzten ***Funktionalismus*** (▶ S. 126). Dieser skulptural-plastische Stil existiert neben ***Funktionalismus*** und konstruktiver Rasterarchitektur bis in die 80er-Jahre des Jh.s hinein, bis er allmählich an Leuchtkraft verliert.

Folgt man den Aussagen des Architekturkritikers JENCKS, beginnt spätestens 1972 mit der spektakulären Sprengung des *Pruitt-Igoe-Komplexes,* einer klassisch-modernen Reihung nüchterner Stahlbetonskelettbauten, die Zeit der ***Postmoderne.*** Die vom American Institute of Architects ehemals preisgekrönte Hochhaussiedlung hat sich zur sozialen Problemzone entwickelt. Die Fortschrittsideologie der ***Moderne*** kann mit ihren formal-technischen Lösungen die hier entstandenen Defizite nicht ausgleichen, mehr noch, ursächlich ist ihr eigenes Defizit, ihr soziales Versagen.

Nachmoderne Tendenzen befreien das Bauen aus der asketischen Stille reiner Formen, verweigern sich der Konsequenz geometrisch-abstrakter Rationalität. Sie geben der Architektur neue Darstellungskraft, geben Bauwerken bildnerische Themen und Farbe, zeigen in ihren lebendigsten Gebäuden eine verspielte, erzählerische Gegenständlichkeit. Die Architektur wird nach amerikanischem Vorbild postmodern.

Perspektiven der Nachkriegsarchitektur beschreiben in all ihren unterschiedlichen Facetten jene immer wieder neuen Bemühungen, architektonisch anderes dem Bestehenden gegenüberzustellen. Nur hierin findet die Architektur der Gegenwart ihre Konstante.

BEISPIELE

Pruitt-Igoe-Komplex, St. Louis, USA 1952–1955
Notre-Dame-Du-Haut, Ronchamp 1950–1955
Solomon R. Guggenheim Museum, New York 1956
Atomium, Brüssel 1958
Opernhaus, Sydney 1959–1973

Apartmenthäuser, Lake Shore Drive, Chicago 1948–1951
Centre Georges Pompidou, Paris 1972–1977
Piazza d'Italia, New Orleans 1978
Neue Staatsgalerie, Stuttgart 1978–1984
Wohnhaus Frank O. Gehry, Santa Monica 1978
Vitra Design-Museum, Weil am Rhein 1987–1989

Bereits im ersten Jahrzehnt nach Kriegsende bahnt sich ein neues Form- und Raumempfinden seinen Weg, sich dabei deutlich von den strengen und rechtwinkligen Ausdrucksmitteln des ***Internationalen Stils*** entfernend. LE CORBUSIERS als Innen- und Außenkirche genutzte Wallfahrtskapelle *Notre-Dame-Du-Haut* veranschaulicht jene neu gewonnenen Freiräume modernen Sakralbaus. In spannungsvoller Verbindung körperhafter, bewegter Formen entsteht ein Musterbau plastischer Architektur: gekurvte Wände, kleine, bunte Fenster von unregelmäßiger Größe und Anordnung, die tief gewölbte Decke, und von besonderer Prägnanz: das weit auskragende Dach. Pilzhutartig, krabbenschalförmig, in massiger, freiplastischer Form, überragt das Dach die lichten Wände. Sichtbeton, kunstvoll geschalt, empfiehlt sich hier als Werkstoff eines großen Plastikers. Ganz ohne rechten Winkel realisiert LE CORBUSIER dies irrationale Raumgefüge im französischen Departement Haute-Saône.

3

WRIGHTS über rundem Grundriss sich hell erhebendes Schneckenhaus eines modernen Museums setzt sich in auffallender Weise von der Orthogonalität der New Yorker 5th Avenue ab. Das *Guggenheim-Museum* präsentiert sich als ein spiralig hochgedrehter Bau- und Raumkörper, dessen weiße Betonbänder eindrucksvoll in vier Geschossen aufwärtskreisen. Im Inneren: Die sanft ansteigende Laufbahn einer Stahlbetonrampe führt Kunstfreunde kreisend um den offenen, glasdachüberwölbten Kern des ***organischen Kunstwerks.*** Im Außenbau: Sprungfedergleich kurvt das strahlende Gehäuse in immer weiteren Bögen bis zu seinem Dach.

Zwei Beispiele ***organischer Architektur*** seien ergänzend an dieser Stelle genannt: UTZONS *Opernhaus* in Sydney und das Zeichen der Brüsseler Weltausstellung von 1958, POLLAKS *Atomium.* Beide Bauwerke überraschen durch ihr ungekannt-signifikantes Spiel der Formen, die Qualität ihrer gewagt-kraftvollen Ausdrucksmittel. Wie so häufig bei Bauten kultureller Zweckbestimmung treffen sich hier ästhetische Vorstellungskraft und technische Innovation zu einer überzeugenden Symbiose.

Zwei Abfolgen spitz zulaufender, paraboloider Schalen, raffiniert ineinander verschachtelt, überwölben Konzertsäle und Bühnenräume des *Opernhauses* in Sydney. Mächtigen, vom Wind aufgeblähten Segeln gleich, formen sie die imponierende, weithin sichtbare Dachstruktur. Dem Dach zuunterst gelegen

ist die flache, gestufte Natursteinplattform, die alle Vorbereitungs- und Verwaltungsräume enthält. Die starke bildhafte Wirkung des zunächst umstrittenen Baus wird trefflich vom Standort auf einer Landzunge im Hafen von Sydney betont.
Als milliardenfache Vergrößerung eines Eisenkristallmoleküls ist das *Atomium* bauliches Wahrzeichen und ein veritables Atommodell zugleich. Ausgeführt in aluminiumglänzenden Kugeln (Atome) und verbindenden Streben, sollte es zum markanten Sinnbild einer Zeit der Naturwissenschaften werden. Origineller kann die Abkehr von normativ-funktionaler Architektur kaum formuliert werden.

Herausragende Beispiele ***konstruktiver Architektur*** finden sich vielfach im Hochhausbau. Mit bezwingender Klarheit und Eleganz verwirklicht der ehemalige Bauhaus-Leiter MIES VAN DER ROHE seine baukünstlerischen Intentionen in beispielhaften Bauten, die wesentlich nach seiner Emigration in die USA entstehen. Neben dem in Zusammenarbeit mit PHILIP JOHNSON entwickelten *Seagram Building* sind es besonders die 26-geschossigen Apartmenthäuser am *Lake Shore Drive* 860 und 880, die die provokante, häufig missverstandene Maxime „Less is more“ stimmig und in sich konsequent zum Ausdruck bringen. Die kantig aufragenden Türme von bestechender Präzision und Raffinesse linearer Geometrie und Proportioniertheit entsprechen ganz den Gesetzen reiner Formfindung. Eingebunden in eine feste kubische Gestalt zeigen diese hohen Wohnbauten dank der vollständigen Verglasung Transparenz, Offenheit und Lichte. Die offensive Demonstration des Stahlskelettaufbaus durch die explizite Zurschaustellung der freiliegenden Stahlrahmen verweist auf VAN DER ROHES Auffassung vollendeter Baukunst. Sein Ideal des Bauens ist das Material selbst, und folgerichtig zeigt er sein Wesen durch die Konstruktion.
Zum Idol moderner Technologie, zum Bild unmittelbar präsentierter Konstruktionselemente, wird 20 Jahre später PIANOS und ROGERS Pariser Multifunktionsgebäude *Centre Pompidou.* Gussstahl-Tragewerk, Versorgungssysteme und abgestuft nach oben führende Rolltreppenplexiglasröhren hat man ohne Kompromiss den Außenwänden vorgebaut. Die frappierende, technoid-irritierende Struktur des von Stäben und Schläuchen umspannten Glaskörpers geben dem eigenwilligen High-Technology-Bau einen hohen Wiedererkennungswert und große Popularität.

Postmoderne – Die Publikation von VENTURI, *Complexity and Contradiction in Architecture* (veröffentlicht 1966) und das zehn Jahre später geschriebene *Learning from Las Vegas,* verändern die Sichtweisen zeitgenössischer Architektur. Las Vegas als Synonym greller Trivialität, voll farbiger Leuchtreklame,

Neonlicht und auffälliger Hotelbauten, ist Venturi Anlass, sein wegweisendes Architekturkonzept des dekorierten Schuppens zu entwickeln. Ganz im Stile der Popkultur, leuchtend und direkt, erdenkt er eine Architektur dekoriert wie Spielkasinos und Tankstellen, nimmt dazu plakative Zeichen des Trivialen, Altbekannten. Verzierungen, Giebel, Säulen, Ornamente, Farbe, plötzlich wird alles wieder möglich.

Im dekorativen, freien Rückgriff auf Stilmuster und Formen der Baugeschichte entwerfen in den USA Architekten wie Moore, Venturi, Eisenman, Graves, in Europa Hollein, Stirling, Bofill oder Rossi eine Baukunst der ***Collage, Ironie, Stilisierung*** und ***neuer Farbigkeit.*** Jene knalligen Formzitate italienischer Baugeschichte bei Moores *Piazza d'Italia* oder Stirlings polemische Architekturcollagen argumentieren postmodern amüsant gegen eine allzu oft erstarrte Moderne. Stirlings *Neue Württembergische Staatsgalerie* verbindet mehrdeutig verspielt bildhafte Botschaften unterschiedlichsten historischen Stilmaterials aus über drei Jahrtausenden Baugeschichte. Seine barocken Raumfolgen, gotischen Spitzbögen, antiken Säulen, die modern geschwungene Glasfassade und im Zentrum die von Skulpturen umstandene, klassizistische Rotunde versammeln in bunter Eintracht eine inspirierende Kollektion postmoderner Ideen.

Von scheinbarer Desorganisation, aber großem optischen Reiz sind die schrägen, häufig unfertig wirkenden Gebäude des amerikanischen Architekten Gehry. Seine komplex-verwirrenden Entwürfe, die undogmatische Verwendung widersprüchlichster Materialien wie Wellblech, Drahtgeflecht, Sperrholzplatten und altbekanntem Mauerwerk setzen bewusst eine gestörte Perfektion in die Architektur der Gegenwart. Doch selbst Gehrys ***Dekonstruktionen*** wären sicherlich nicht ohne Kenntnis des frühen russischen ***Konstruktivismus*** denkbar.

3.6 Geschichte des Designs

ZITAT

Das Industrial Design ist eine schöpferische Tätigkeit, deren Ziel es ist, die formalen Eigenschaften jener Objekte festzulegen, die die Industrie produziert. Diese formalen Eigenschaften umfassen nicht nur äußere Aspekte, sondern betreffen auch ganz wesentlich die strukturellen und funktionalen Elemente, die aus einem System für Hersteller und Benutzer eine geschlossene Einheit machen. Das Industrial Design erfasst alle Aspekte menschlicher Wirklichkeit, die von der Industrieproduktion bestimmt werden.

THOMAS MALDONADO 1978

Historismus

Gestalterische Imitationen historisch weit zurückliegender Kunststile bestimmen in großem Umfang das Bild der Produkte jener Gebrauchsgüterkultur der zweiten Hälfte des 19. Jh.s. Zukunftsweisende Tendenzen können sich gegenüber dieser vergangenheitsorientierten Formsprache der Dinge und Architektur kaum entwickeln. Zutreffend bezeichnet man das Prinzip historischer Stilrepetitionen kunstgeschichtlich als ***Historismus.***

So zeigt die Londoner Weltausstellung von 1851 eine Ansammlung restaurativer, neogotischer, neorenaissanceartiger Waren, die, zudem von häufig geringem Gebrauchswert, in erstaunlichem Kontrast zur konstruktiven Klarheit des Ausstellungsgebäudes stehen. In den formalen Ausdrucksmitteln damaliger Alltagskultur entfaltet sich in gleichzeitiger Gegenwärtigkeit nahezu die gesamte feudalistische Vergangenheit Europas.

Das 19. Jh. teilt sich in zwei stilistische Gestaltungsfelder: den ***Klassizismus,*** etwa bis Mitte des Jh.s, und den Historismus. Bezieht sich der ***Klassizismus*** in erster Linie auf die ***Antike*** und kann durchaus als Stil der Aufklärung bezeichnet werden, sind es im Historismus vornehmlich die vorrevolutionären Epochen, denen man sich in aktiver Rezeption nähert. Gleichsam so als wolle der Historismus jede bedrohliche Erinnerung an jenes beunruhigende Revolutionszeitalter tilgen. Dem Selbstverständnis eines neureichen Bürgertums, welches sich durchaus als Nachfolger vergangener Herrscherklassen empfindet, bietet die Formsprache adeliger Kulturen Modelle der Identifikation und äußeren Repräsentation. Ökonomisch gesehen, entspricht die beliebige Verfügbarkeit mittelalterlicher bis barocker Formen einem neuen Konsumverhalten.

Historische Dekore, mittelalterliche Trinkgefäße, Möbelimitate der Renaissance, barocke Stuckornamente, scheinbar alles neo-stilistisch Überformte wird in Katalogen zum Kauf angeboten. So halten in restaurativem Gestus und prätentiöser Überladenheit die Formen tradierter Stile Einzug in die Alltagswelt des 19. Jh.s. Beispielhaft sei in diesem Zusammenhang an eine Möbelhandlung in Berlin erinnert, die stolz 240 Stilrichtungen zu gleicher Zeit anbieten konnte. Viele Produkte, früher von Hand gefertigt, werden als billige Maschinenwaren für breite Schichten erschwinglich. Hier realisiert man die Möglichkeiten moderner Technik, moderner Ideen, nutzt vielfach qualitätsschwächere Ersatzstoffe. Meist jedoch, ohne dabei die tatsächliche Nutzung oder gar den Gebrauchswert zu verbessern.

Früher Funktionalismus

Eine im produkt-ästhetisch, technologischen Sinne gegensätzliche Auffassung verkörpert die Serienproduktion der *Thonet-Sitzmöbel.* Aus günstigem Werkstoff, von ungelernten Arbeitern zu fertigen, in Teile zerlegt raumsparend zu versenden, leicht zu reparieren und äußerst stabil, werden die Thonet-Stühle Ausdruck industrieller Überzeugungen, industrieller Rationalität. Das *Thonet-Modell Nr. 14* von 1859 gilt als erstes, auch so konzipiertes Massenprodukt und bleibt bis heute ein erfolgreiches Dokument kapitalistischer Ausnutzung technologischer Innovation. Die Formgebung selbst resultiert in natürlicher Weise aus dem technischen Verfahren, die Form folgt den Regeln der Produktion des Bugholzverfahrens.
Dabei entsteht die Gestalt der Thonet-Stühle nicht in der Vorstellung neuer Stilbildung. Ihre eher dem Maschinen- und Ingenieurbau verwandte Sprache der Linearität, des Grafischen, der Präzision wird heute oft dem ***Jugendstil*** zugerechnet, gehört aber in die Nähe früher funktionaler Entwürfe. Zukunftsweisende Produkte der Zeit entstehen gleichermaßen in den Bereichen der Technik, der technologisch-industriellen Entwicklung, dem Industriebau, dem Schiffsbau, dem Maschinenbau. Gerade weil diese Produktions- und Gebrauchsgüterkultur keine Kunst sein will, wird sie zum Träger fortschrittlicher Formentwicklung.

Jugendstil

Die moderne kunsthandwerkliche Formgestaltung der Jahrhundertwende stellt sich formal und inhaltlich gegen die genannten Auffassungen des ***Historismus,*** lehnt den imitativen ***Eklektizismus*** der wilhelminischen Gründerzeit ab. In ästhetisch aufgeschlossenen Teilen der Bourgeoisie und des Kunsthandwerks entwickelt sich gerade im letzten Jahrzehnt des 19. Jh.s ein Bedürfnis nach kultureller Erneuerung. Diesem Anspruch sucht der Jugendstil zu genügen.

Im Rückgriff auf Neuerungen bei den Engländern MORRIS und RUSKIN propagierte der europäische Jugendstil eine dekorative, auf das Vorbild der Natur ausgerichtete ***Ornamentik.*** Ermüdet und übersättigt vom überladenen, historisierenden Warenangebot der Zeit, entwickelt sich in Paris, Nancy, Wien oder Darmstadt die Idee einer neuen Einheit künstlerischer Schöpfung: das ***Gesamtkunstwerk.*** Möbel, Gebrauchsgüter, Mode und Architektur fügen sich in ein Bild formaler Harmonie vereinheitlichter Gestaltungsmerkmale. Organische, pflanzlich-vegetabile oder geometrische Dekorationen bevorzugend, erstrebt der Jugendstil eine meist schwelgerische Romantik, sucht das Leben in Kunst und Schönheit zu hüllen. Hierin ist sich der Stil einig. Formale Unterschiede und unterschiedliche Benennungen entstehen in den verschiedenen europäischen Zentren.
Die Vertreter der ***Art nouveau*** GALLÉ, MAJORELLE wie auch VALLIN verkörpern eine Tendenz floralen Dekors. Ihr heiterer und verspielter Stil prägt die École de Nancy ebenso wie die Glasherstellung in den Werkstätten von GALLÉ und DAUM. Abstrakt-organische Ausdrucksmittel bestimmen die Arbeit GUIMARDS und in gleicher Weise den belgischen ***Style 1900.***
Eine Vorliebe für gradlinige Formen, geometrische Ornamente und lineare Klarheit findet man im Wiener ***Sezessionsstil*** sowie unter den Vertretern des ***Art déco*** wie HOFFMANN und MOSER. Von besonderer Eleganz, Zartheit und eher vergeistigtem Charakter ist das Werk des Glasgower Architekten und Designers MACKINTOSH ***(Modern Style).***
BEISPIELE RIEMERSCHMID (u. a.: Stoffentwürfe, Gläser, Möbel, Architektur: Münchner Kammerspiele), BEHRENS, OLBRICH und CHRISTIANSEN. Letztere führen die Künstlerkolonie in Darmstadt nach ihrer Gründung im Jahre 1899 zu internationaler Bedeutung.
Dennoch bleibt der Jugendstil eine Übergangserscheinung innerhalb der Geschichte der Kunst und des Kunsthandwerks. Die vorhandenen Mittel und Möglichkeiten der historistischen Industriekultur bleiben ungenutzt, produktionstechnisch wendet man sich zurück. Die wichtigsten Vertreter der Kunst um 1900 richten ihr Interesse bald auf eine konsequent sachlichere Gestaltung.

Der Deutsche Werkbund

Der im Jahre 1907 von zwölf Künstlern und etwa ebenso vielen Firmen gegründete Deutsche Werkbund gilt lange Zeit als bedeutendste deutsche Organisation zur Förderung kunstgewerblicher Produktion. Im Zusammenwirken von Kunst, Handwerk und Industrie wird nicht allein die Optimierung der Warenqualität und Produktion angestrebt, wichtige Ziele sind vorrangig ökonomischer Art: Verkaufssteigerung der Produkte, Verbesserung des Exports.

Mit BEHRENS, einem der Gründungsmitglieder, beginnt das eigentliche ***Industriedesign.*** Bei der Firma AEG für die Gesamtheit der gestalterischen Aufgaben zuständig, reichte sein Tätigkeitsbereich vom Entwurf des Firmenlogos über Werbegestaltung zur Planung neuer AEG-Produkte, dem eigentlichen ***Produktdesign,*** bis hin zur architektonischen Entwicklung großer Fabrikationshallen. Er ist also für die ***Corporate Identity,*** die ein Firmenprogramm umfassend visualisiert, allein verantwortlich.
Anlässlich der *Kölner Werkbundausstellung* von 1914 diskutieren Werkbundmitglieder grundsätzliche Positionen zeitgemäßer Gebrauchsformgestaltung. Beharrt VAN DER VELDE auf dem individuellen Entwurf und widersetzt sich somit der industriellen Typenbildung, fordert MUTHESIUS gerade die Typisierung der Industriegüter. Damit definiert er einen wesentlichen Aufgabenbereich künftigen Industriedesigns: die Entwicklung von Prototypen.

Bauhaus und De Stijl

1917 und 1919 stehen für zwei der markantesten Eckdaten funktional-konstruktiven Designs. Der 1917 von v. DOESBURG und MONDRIAN initiierte Stijl mit seiner Konzentration auf primär elementare Formen und Grundfarben beeinflusste das wenig später gegründete Bauhaus (Weimar, 1919) entscheidend: Die anfänglich idealistische, mystisch-expressive Ausrichtung verändert sich hin zu elementargeometrischen Gestaltungsprinzipien und konkreteren Inhalten (ab 1922). Vorläufer dieser Entwicklung sind in der ***Wiener Sezession*** (HOFFMANN, WAGNER) oder in den kunstvollen Entwürfen, der Reduziertheit, bildnerischen Klarheit und linearen Ästhetik eines MACKINTOSH zu finden.

Als Inbegriff gestalterischer Rationalität gilt das Bauhaus noch heute. Gegründet als Schule für Baukunst, Malerei und Kunstgewerbe, ganz aus der historischen Situation heraus, durchläuft das Bauhaus eine sehr wechselhafte Entwicklung. Das programmatische Gründungsmanifest von 1919 zeigt sich eher rückwärts gewandt, als eine Formulierung spätexpressionistischer, teils mystischer Inhalte. Wie bereits der Name den Begriff der mittelalterlichen ***Bauhütte*** aufnimmt, wird inhaltlich in gleicher Weise die Rückkehr zum Handwerksideal jenes weit entfernten Zeitalters postuliert. Die wesentlich zeitgemäßere Synthese aus Kunst, angewandter Kunst und Industrie sollte dann erst Jahre später angestrebt werden (ab 1924). Nun orientiert man sich an funktionalen Überlegungen, sucht die Verbindung zur Technik, bringt künstlerische Gestaltung und industrielle Produktion in Einklang, fordert die Unterscheidung von Notwendigem und Überflüssigem. Durch praktische, forschende, gestalterische Versuchsarbeiten werden Prototypen

für eine spätere industrielle Fertigung entwickelt. BREUER, der 1925 als Jungmeister die Möbelwerkstatt übernimmt, mag hier beispielhaft genannt werden. Seine Stahlrohrsessel, Stühle und Möbel zeigen in ihrer Strenge, der technisch-funktionalen Formgestaltung, ihrer Materialbezogenheit und Reduktion Möbeldesign nahezu zeitloser Modernität. Ihre Eignung zu industrieller Massenproduktion ist beispielhaft, die erstrebte, auf den Zweck bezogene Qualifizierung industrieller Produkte realisiert. Von vergleichbarer Bekanntheit und Objektivität sind Arbeiten von WAGENFELD, GROPIUS, DELL, BRANDT u.a.
Lehrfächer des Bauhauses waren Architektur, Metall, Bildhauerei, Möbelbau, Malerei, Grafik, Weben, Töpfern, Fotografie, Theater und Film. Drei Direktoren leiteten das Bauhaus in Folge: GROPIUS 1919–1928, MEYER 1928–1930 und MIES VAN DER ROHE, der auf Druck der Nationalsozialisten die Schule 1933 schließen musste.

Art déco

Die im Vergleich zur Weimarer Republik wesentlich stabilere Gesellschaftsstruktur des Nachbarlandes Frankreich förderte eine dekorative, bürgerlich-mondäne Variante moderner Gebrauchsgüterproduktion. Mit der Ausstellung *Exposition Internationale des Arts Décoratifs et Industriels Modernes* von 1925 findet das französische Kunsthandwerk eine prachtvolle Dokumentation seines Potenzials und einen künstlerischen Höhepunkt luxuriös-eleganten Möbelbaus. Gezeigt werden repräsentative Mischformen aus exotischen Stilen, osteuropäischer Volkskunst, modifizierte Formen des ***Art nouveau.*** Man erkennt Einflüsse des ***Kubismus*** (▶ S. 52) oder von ***funktionaler Kunst,*** die Stromlinie war in Sicht. Die Produkte reichen von vollständigen Interieurs über Einzelmöbel bis hin zu Kleidung und Schmuck.
Wie die kostbaren Möbel RUHLMANNS, die Schmuckstücke LALIQUES, die klassische Eleganz und Ausgefallenheit RATEAUS, bestätigen auch die Produkte von CHAREAU, BRANDT, HERBST oder DELAUNAY-TERK den elitären Charakter jener ***dekorativen Warenästhetik.*** Das Jahresgehalt eines Akademikers reicht nicht aus, um sich einen der modischen Schränke RUHLMANNS leisten zu können. Werden Gebrauchsgüter typisch für eine sozial definierbare Konsumentenschicht, dann entwickeln sie sich zu deren Symbol, werden zum Zeichen des sozialen Status und der Lebensweise.

Die 50er-Jahre

Die Hoffnung auf bessere Lebensbedingungen nach den Jahren des Weltkriegs und die Pflicht, das Land neu aufzubauen und ihm eine neue politische und gesellschaftliche Ordnung zu geben, sind es, die das Lebensgefühl der 50er-Jahre bestimmen. Die Formsprache dieser Zeit verlangt nach Dynamik,

Optimismus und Heiterkeit, gilt es doch der Wirklichkeit neuen Glanz zu verleihen. Bewegte, kurvende Formerscheinungen als zeitgemäße Ausdrucksmittel, als Sprache der Zeit zu etablieren, liegt nicht zuletzt im lebendigen Mitgestalten der neuen, demokratischen Gesellschaft.
Neue Formen findet man in den Designkonzeptionen der Firmen Miller und Knoll, in der prägende Gestalter wie EAMES, JACOBSEN, MIES VAN DER ROHE, BERTOIA und SAARINEN versammelt sind. Sie stehen für die ***Gute Form:*** sanft modellierte Sitzschalen aus Holz, bunte Kunststoffstühle aus Polyesterharz, leicht wirkende Tulpenstühle, natürlich einbeinig, Ameisenstuhl und Drahtstühle in ergonomischem Schwung. Die rechtwinklige Geometrie der Funktionalisten ist einer neuen Weichheit gewichen. Werkstoffe wie Drahtglas, schichtverleimtes Holz, Kunststoffe von intensiver Farbigkeit, gestanztes und gelochtes Blech ziehen in das anspruchsvoll moderne Bürgerhaus ein. Populärer sind in Deutschland andere, uns heute als typisch für die 50er-Jahre erscheinende Möbelstücke, die sich mit ihren asymmetrischen Formen bewusst von der Ästhetik des Nationalsozialismus abgrenzen: Tütenlampen und Cocktailsessel, Nierentische, Resopalblumenständer. Demgegenüber zeigt das ***skandinavische Design,*** gediegen schlicht und materialgerecht, zweckmäßig-kultivierte Formen.

Die 60er-Jahre

Das Jahrzehnt von 1960 bis 1970 ist eine Zeit der Beunruhigung. Protestbewegung, Beatles, Hippies, Flower-Power und die Flüge in den Weltraum beschäftigen die Gesellschaft. Der vieldiskutierte Designer COLANI, dessen Entwürfe eigenwillig biomorphe oder stromlinienförmige Züge tragen, verunglimpft die Maßstäbe der ***Guten Form.*** COLANI bezieht damit eine Gegenposition zu pragmatischen, spätfunktionalistischen Tendenzen des Industriedesigns (z. B. Braun-Design, RAMS). Das im Laufe des Jahrzehnts entstehende kulturelle Unbehagen, die Kritik an politischen Verhältnissen und Formen der Umweltgestaltung löst vielfältige Diskussionen über Relevanz und Funktion von Design aus. Gefordert wird eine von ökonomischer und zweckbestimmter Festlegung radikal befreite Kreativität, ein in seinem Kern fantasievoller, spielerischer Umgang mit Problemen, Motiven und Themenstellungen des Designs.

Zeitgemäßes Wohnen gestaltet sich in individuellen Arrangements beweglicher Wohnelemente. Als neue Wohnformen entstehen oft futuristisch wirkende ***Wohnlandschaften*** aus Liege- und Sitzflächen, Tischen, Stühlen und Einbauschränken. Im Beispiel *Central living-block* (1969) von COLOMBO schwebt zudem, raumschiffgleich, ein drehbares Bücherregal mit integriertem Fernseher an der Decke des Raumes.

Möbel werden zu plastischen Kunstwerken, Kleiderständer zu grellen Kakteen, Sessel zu durchsichtig aufblasbaren Kissen. Versunken sitzt man in PESCES Sessel *Donna* in einem weiblichen Schoß, den Kopf zwischen großen, roten Brüsten liegend. Es ist die Zeit der ***Pop-Art*** (▶ S. 62).

Postmoderne Ideen

Die Designrevolte der 60er-Jahre ist kurzlebig, die Ideen einer sozialen Utopie auch im Bereich angewandter Gestaltung scheitern. Alternative Anti-Symbole, ihrer ideologischen Basis entzogen, werden dem Kommerz gewinnbringend einverleibt. In diesem Augenblick entwickelt sich, ausgehend von Italien, eine Designbewegung, deren Ziel bewusst nicht die optimale Gestaltung von Gebrauchsgegenständen ist. Das Design soll vom Joch der reinen Nützlichkeit befreit werden. Designergruppen wie z. B. Archizoom, Studio Alchimia, MENDINI oder SOTTSASS finden neue Wege des Entwerfens. Gemeinsam streiten sie gegen die ***Gute Form,*** in unterschiedlicher Form, oft frech und provozierend. Sie erproben den experimentell-freien Umgang mit dem Formenrepertoire des Alltags, ihrer städtischen Umgebung und der Historie des Designs. Stehlampen aus Autoscheinwerfern und Angeln, Stühle aus Fahrradsitzen entstehen, es werden Klassiker der Designgeschichte mit neuen Zusätzen und Bemalungen verfremdet. ***Re-Design*** ironisiert populäre Möbel vor allem des Funktionalismus, ***Ready-made-Design*** nutzt Fundstücke der Wegwerfgesellschaft zum Bau neuer Objekte. In der Ablehnung zweckhafter Gestaltung sind sich ***Banal-Design, Radical-Design, Superstudio, Haus-Rucker-Co.*** und die Künstler der Gruppe ***Memphis*** einig.

Memphis, deren erste Kollektion 1981 auf der Möbelmesse in Mailand gezeigt wird, produziert weit über 200 Wohn-Objekte. In kalkulierter Rebellion entwerfen sie ein lustig-ironisches Gemisch in Absicht oder Willkür unsinnig kombinierter Elemente. Mit bewusst naiver Bauweise, leuchtenden Kinderfarben, buntem Materialmix und billigen Laminatoberflächen argumentieren sie gegen die Kälte und Austauschbarkeit klassisch-moderner Möbelproduktion. Form wird zum Träger von Ausdruck und Unverwechselbarkeit. Zum Wert des Gebrauchs gesellt sich nun der Wert des Zeichens. Postmodernes Design erklärt sich als Realisierung eines Bruchs mit der Kontinuität der Moderne. Es geht um emotionale, sensuelle, ikonische Inhalte und Bedeutungen, Kristallisationspunkte für neue, quer laufende Identitäten (WELSCH, 1990).

BEISPIEL

www.red-dot.org/de

Stichwortverzeichnis

Absolutismus 40 f., 45, 48, 120 f.
Abstrakter Expressionismus 50, 54 f., 59 f.
Abstraktion 29, 54 f., 64 f., 73
Actionpainting 7, 50, 55, 59 f.
Additives Verfahren 23
Aktionskunst 55, 86
Altar 35 ff.
Andachtsbild 35
Animation 88, 98
Aquatinta 26
Art déco 97, 136, 138
Art nouveau 136, 138
Arte Cifra 63
Arte Povera 67
Arts and Crafts 124 f.
Aufklärung 45 ff., 122, 134
Augenführung 19
Ausdrucksbewegung 22, 59
Ausrichtung 8 f., 16 ff., 25, 59, 76, 110
Avantgarde 45, 51, 84, 126

Barock 20, 24, 29, 39 ff., 61, 63, 119 ff., 123 f.
Basilika 31, 102, 109 f., 111 ff.
Bauhaus 54, 59, 126 f. 128, 137 f.
Baukörper 101 ff., 126
Baumasse 102 f.
Bildnis 7, 34, 42, 61
Bindemittel 21
Blauer Reiter 51
Brücke 51
Buchmalerei 31 f., 34 f.
Buntart 13
Buntgrad 13

Camera lucida 79
Camera obscura 79
Cella 108 f.
Chinoiserie 44
Composing 95, 98
Colour-Field-Painting 60
Conceptual Art 67 f.

Dach 105, 108, 131 f.
Dada 55 f., 62, 64 f., 95
Daguerreotypie 79
Design 89 ff., 98 f., 105 ff., 134 ff., 140
Deutscher Werkbund 126, 136 f.
Diorama 79
Dorische Ordnung 108 f.
3-D-Gestaltung 98
Druckgrafik 25 f., 62, 96 f.
DTP 91, 98

Écriture automatique 55, 60
Eklektizismus 48, 123, 135
Erscheinungsfarbe 12 f.
Erweiterter Kunstbegriff 66 f.
Expressionismus 9, 29, 50 ff., 59 ff., 63, 73

Falsche Perspektive 15
Fantastischer Realismus 62
Farbauftrag 7, 9 f., 12, 21 f., 47, 50, 63
Farbe 9 ff., 15, 20 ff., 75 f., 92, 107
Farbkreis 10 f., 15
Farbperspektive 15
Fassade 48, 105
Fauves 51

Fenster 104 f.
Figurale Ordnung 17
Figurative Kunst 56 f., 60 ff.
Figurativer Realismus 56 f.
Flachdruck 26
Fläche 8 f.
Fluchtpunkt 14, 38 f.
Fluxus 55, 66, 73
Formanalyse 9
Fotorealismus 20, 62 f.
Fresko 34 f.
Funktionalismus 54, 126 f., 130, 135
Futurismus 51, 84

Gegenreformation 39 f., 45, 121
Gender-Debatte 70 f.
Genre 7 f.
Genremalerei 7, 43 f.
Gesamtkunstwerk 136
Gewölbe 34, 114 ff.
Glasmalerei 35
Gotik 29, 33 ff., 115 ff., 123 f.
Grundfarbe 10

Happening 55, 63, 65 ff.
Hellenismus 28, 30
Helligkeit 11, 13
Historismus 48, 123 f., 134 f.
Hochformat 8
Hochdruck 26
Holzschnitt 26
Holzstich 26
Hyperrealismus 20, 24, 63

Ikonografie 66
Ikonologie 48
Impressionismus 29, 49 f., 73
Informel 50, 59 f., 73
Interaktivität 98
Internationaler Stil 35, 126 ff., 131
Ionische Ordnung 109, 122

Jugendstil 97, 124 f., 135 f.
Junge Realisten 60
Junge Wilde 50, 63

Kaltnadel 26
Karolingische Kunst 30 f., 111
Kathedrale 34, 103, 115 ff.
Kinetik 54
Klassische Moderne 73, 126 ff., 130 ff.
Klassizismus 29, 30, 45 f., 61, 122 f., 134
Komplementärfarbe 10
Komposition 16 ff.
Konkrete Kunst 54
Konstruktivismus 54, 59, 96 f., 133
Konzeptkunst 67 f.
Korinthische Ordnung 109, 110, 115
Kubismus 52 f., 138
Kupferstich 26
Kuppelbau 110

Land Art 68
Landschaftsdarstellung 43 f., 48
Laterna magica 79
Licht 76 ff.
Linie 9
Lithografie 26, 96
Lochkamera 78
Luftperspektive 15, 39

Magischer Realismus 57
Malwerkzeug 21 f.
Manierismus 45
Markenzeichen 92 f.

Massenbau 101
Massenverteilung 9, 24
Megaron 108
Minimal Art 54
Mischfarbe 10
Modern Style 136
Moderne 7, 45 ff., 64
Monotypie 26
Motiv 7
Multimedialität 86 f.

Naturalismus 20, 50, 63
Nazismus 58
Neoexpressionismus 63
Neogotik 48, 124
Neoklassizismus 30, 58, 129
Neorealismus 56, 60 f.
Neorenaissance 48, 124
Neue Ornamentik 60
Neue Sachlichkeit 56 f., 59, 83
Neues Bauen 126
Neues Sehen 83
Nicht-figurative Kunst 54 f., 59
NS-Kunst 58, 128 f.
Oberfläche 24, 106 f.
Oberflächengestaltung 103
Objektkunst 54, 56
Op-Art 54, 60
Organische Architektur 131
Ottonische Kunst 29, 31 f.

Palazzo 38, 119, 124
Panorama 75, 79
Parallelperspektive 14
Performance 70
Performative Kunst 70
Perspektive 14 f., 38 f., 74 f.
Pigmente 20
Piktogramm 92 f., 99
Pittura metafisica 55
Plastik 22 ff., 28 ff., 31, 33, 36, 39, 46, 61
Plastizität 16
Plein air 49
Pop-Art 62 f., 65, 73, 85, 95, 97, 140
Positiv-Negativform 9
Postmoderne 73, 97, 126, 130, 132 f., 140
Propaganda 57 f., 89

Quadratischer Schematismus 113, 115
Querformat 8
Querhaus 111 ff.

Radierung 26
Raster 18
Raum 13 f.
Raumkörper 103 f.
Räumlichkeit 14 f.
Realismus 29, 49 f., 56 f., 61 f., 63
Reformation 37, 39 f.
Reihung 17 f.
Relief 16, 23 f.
Renaissance 29 f., 37 ff., 61, 71 f., 102, 118 f., 123 f.
Rokoko 29, 44, 119 f.
Romanik 29, 31, 32 f., 112 ff., 123
Romantik 29, 47 f.
Rundbogen 114
Rundplastik 23

Screendesign 98 f.
Seestück 7, 43
Sezession 51, 97, 137
Siebdruck 26
Signal-Malerei 60
Skulptur 23, 46, 57 f., 61
Sozialistischer Realismus 57, 59, 61

Spätgotik 35 f., 61
Spitzbogen 116 f.
Spurensicherung 68 f.
Staffage 14
Staffelung 14
Stalinismus 58
Stillleben 7, 20, 42 f., 52, 57
Streuung 18, 76
Style 1900 136
Subtraktives Verfahren 23
Suprematismus 52 f.
Surrealismus 55 f., 60 ff.

Tachismus 50, 55, 59 f.
Teilungsschemata 17
Tempel 27, 108 ff., 118 f., 122
Textur 16
Tiefdruck 26
Tondo 8
Transkulturalität 72
Trompe l'oeil 43
Typografie 92, 96 f.

Vanitas-Motive 42 f.
Veduten 7, 41
Verdichtung 18
Verismus 57, 59 f.
Verkürzung 14
Videokunst 71, 73
Vierung 113, 121
Visuelle Kommunikation 91
Vollplastik 23
Volumen 13 ff.

Wand 104
Wiener Aktionisten 69 f.
Würfelkapitell 114 f.

Zeichnung 25
Zentralbau 111, 118 f., 121
Zentralperspektive 14 f., 38 f.
Zero 60
Zweite Moderne 73

Personenverzeichnis

Abramović, Marina 70
Ahtila, Eija-Liisa 72
Aicher, Otl 97
Alberti, Leon Batista 38, 118
Alexander der Große 30
Altdorfer, Albrecht 36
Ammanati, Bartolomeo 38
Andrea, John de 63
Anselmo, Giovanni 67
Antes, Horst 62
Aragon, Luis 55
Arbus, Diane 85
Archer, Frederick Scott 80
Aristoteles 79
Arp, Hans 24, 55, 56
Asam, Brüder 40
Atget, Jean-Eugène-August 83
Avedon, Richard 85
Aziz, Anthony 72, 86

Bach, Elvira 63
Backoffen, Hans 36
Bacon, Francis 22, 62
Baldung Grien, Hans 36
Balla, Giacomo 51
Balthus (Balthasar Klossowski de Rola) 62
Barlach, Ernst 51
Barney, Matthew 72
Baselitz, Georg 63
Baumeister, Willi 53
Bazille, Frederic 49
Beaton, Cecil 85
Becerra, German 60
Bechtle, Robert 63
Beckmann, Max 51
Behrens, Peter 51, 128, 136, 137
Bellini, Giovanni 38
Berlage, Hendrik Petrus 125
Bernhard, Lucian 96
Bernini, Gian Lorenzo 40
Bertoia, Harry 139
Bettermann, Gerhart 62
Beuys, Joseph 66, 69, 86
Bill, Max 96
Bisson, Auguste Rosalie 80
Blake, Peter 63
Blossfeldt, Karl 84
Boccioni, Umberto 51
Bofill, Ricardo 125, 133
Boltanski, Christian 68, 69
Bömmels, Peter 63
Bonnard, Pierre 80, 96
Bosch, Hieronymus 36
Botticelli, Sandro 39
Boucher, François 44
Boullée, Étienne-Louis 123
Bramante, Donato 118
Brancusi, Constantin 24
Brandt, Marianne 138
Braque, Georges 51, 52, 97
Brauer, Arik 62
Breker, Arno 58
Breton, André 55, 56
Breuer, Marcel Lajos 138
Breughel, Pieter d. Ä. 43
Brody, Neville 95
Brouwer, Adriaen 43
Brus, Günter 69
Burckhardt, Jacob 39
Buzan, Tony 94

Caillebotte, Gustave 50
Calder, Alexander 56
Callot, Jacques 42
Cameron, Julia Margret 82
Camoin, Charles. 51
Campendonk, Heinrich 51
Campin, Robert 35
Canaletto (Giovanni Antonio Canal) 41
Canova, Antonio 24, 46
Capa, Francis 84
Caravaggio (Michelangelo Merisi) 22, 40, 49
Carrà, Carlo 51
Carracci, Annibale 40
Carroll, Lewis 82
Carson, David 95
Carstens, Jakob Asmus 46, 48
Cartier-Bresson, Henri 85
Cézanne, Paul 50
Chagall, Marc 97
Chareau, Pierre 138
Chia, Sandro 63
Chirico, Giorgio de 55
Christiansen, Hans 136
Chwast, Seymor 97
Cimabue, Pepo Cenni di 35
Clemente, Francesco 63
Close, Chuck 63, 85
Cocteau, Jean 97
Colberg, Willy 62
Corinth, Lovis 51
Corot, Jean-Baptiste-Camille 49, 82
Cottingham, Keith 72
Cottingham, Robert 63
Coucher, Sammy 72
Courbet, Gustave 49, 82
Cranach, Lucas d. Ä. 22, 36, 37, 39
Cremer, Fritz 60, 61
Cremers, Günther 60
Curtis, Edward S. 83
Cuvilliés, François de d. Ä. 44

Daguerre, Louis Jacques Mandé 79
Dahmen, Karl Fred 59
Dahn, Walter 63
Dalí, Salvador 22, 56
Dannecker, Johann-Heinrich 46
Darboven, Hanne 68
Daum, Brüder (Auguste Daum und Antonin Daum) 136
David, Jacques-Louis 46
Degas, Edgar 26, 49, 80
Delacroix, Eugène 47, 82
Delaunay, Robert 51, 52
Delaunay-Terk, Sonia 138
Dell, Christian 138
Delvaux, Paul 56
Derain, André 51
Dine, Jim 63
Dischinger, Rudolf 56
Disdéri, André 82
Dix, Otto 57, 61
Doesburg, Theo van 53, 137
Dokoupil, Jiri-Georg 63
Domenichino (Domenico Zampieri) 40
Donatello, Lorenzo 39
Dörries, Bernhard 56
Dubuffet, Jean 59, 97
Duchamp, Marcel 55, 56, 64
Ducos du Hauron, Louis 81
Dufy, Raoul 51
Dürer, Albrecht 21, 26, 38, 39
Dwiggins, William Addison 89

Eames, Charles Ormand 139
Eastman, George 80
Eisenman, Peter 133
Eisenstaedt, Alfred 85
Éluard, Paul 55
Emerson, Peter Henry 82
Engelhardt, Ludwig 61
Ensor, James 50
Epstein, Elisabeth 51
Ernst, Max 55, 56
Estes, Richard 63, 85
Export, Valie (Waltraud Höllerer) 70
Eyck, Jan van 21, 35

Fabro, Luciano 67
Fautrier, Jean 59
Fetting, Rainer 63
Fischer von Erlach, Johann Bernhard 41
Fischer, Lili 70
Flack, Audrey 63
Flaubert, Gustave 49
Fontana, Lucio 55
Förg, Günther 73
Förster, Wieland 61
Fragonard, Jean Honoré 44
Francis, Sam 60
Franck, Hans Ulrich 42
Friedman, Dan 97
Friedrich, Caspar David 47, 75
Fuchs, Ernst 62
Fuhr, Xaver 62

Gallé, Emile 136
Gauguin, Paul 50
Gehry, Frank O. 131, 133
Géricault, Jean-Louis-André 47
Gertsch, Franz 63
Gerz, Jochen 68
Giacometti, Alberto 56, 62
Giorgione (Giorgio da Castelfranco) 39
Giotto di Bondone, Ambrogio 35
Glaser, Milton 97
Glozer, Laszlo 64
Gogh, Vincent van 22, 50
Goller, Bruno 62
Götz, Karl Otto 59
Goya y Lucientes, Francisco Jose 26
Goyen, Jan van 43
Graves, Michael 133
Greenough, George 126
Greiman, April 97
Grieshaber, HAP 97
Griffin, Rick 97
Gris, Juan 51
Gropius, Walter 126, 128
Grosz, George 57
Grünewald, Matthis Gothart 36, 37
Grzimek, Waldemar 62
Guilford, Joy Paul 94
Guimard, Hector 136
Gutenberg, Johannes 37

Hackert, Philipp 47
Häfner, Thomas 60
Hals, Frans 42, 49
Hamilton, Richard 62
Hanson, Duane 24, 63
Hardouin-Mansart, Jules 41
Hartung, Hans 59
Hausner, Rudolf 22, 62
Heartfield, John 53
Heckel, Erich 51
Heisig, Bernhard 61
Helst, Bartholomeus van der 42

Herbst, René 138
Hesse, Eva 67
Hine, Lewis Wickes 82
Hirst, Damian 69
Hitchcock, Henry Russell 126
Hockney, David 63
Hoehme, Gerhard 59
Hofer, Carl 56, 61, 62
Hoffmann, Josef 136, 137
Holbein, Hans d. J. 38
Hollein, Hans 133
Hölzel, Adolf 12
Holzer, Jenny 69
Hooch, Pieter de 43
Hopper, Edward 62
Horst, Horst P. 85
Hundertwasser, Friedensreich 60
Hutter, Wolfgang 62

Ingres, Jean-Auguste Dominique 48, 82
Itten, Johannes 8, 10

Jacobsen, Arne 139
Janschka, Fritz 62
Janssen, Horst 63
Jawlensky, Alexej 51
Jencks, Charles 130
Johns, Jaspar 63
Johnson, Philip 126, 132
Jones, Allen 63
Jordaens, Jakob 42
Jürgens, Grete 57

Kandinsky, Wassily 8, 51, 54
Kanoldt, Alexander 56
Kaprow, Allan 63, 65
Kauffmann, Angelica 46
Keller, Ernst 96
Kelley, Alton 97
Kieser, Günther 97
Kirchner, Ernst Ludwig 51, 82
Kirkeby, Per 73
Kitaj, Ronald Brooks 63
Klee, Paul 51, 54
Klein, Yves 70
Klenze, Leo von 48
Kline, Franz 60
Klotz, Heinrich 73
Knobelsdorff, Georg Wenzeslaus von 44
Kobell, Ferdinand 47
Köhler, Hannelore 60
Kollwitz, Käthe 51
Kooning, Willem de 60
Kosuth, Joseph 67
Kounellis, Jannis 67
Kralik, Hanns 62
Kricke, Norbert 24
Kubin, Alfred 51
Küppers, Harald 12
Kusolwong, Surasi 70

Laliques, René Jules 138
Lamsweerde, Inez van 72
Lang, Nikolaus 68
Largillière, Nicolas de 41
Le Corbusier 131, 162
Le Gray, Gustave 82
Le Vau, André 41
Lebrun, Charles 40
Ledoux, Claude-Nicolas 123
Léger, Fernand 51
Lehmden, Anton 62
Leibl, Wilhelm 57
Leinberger, Hans 36
Lenica, Jan 97
Leonardo da Vinci 38
Leroy, Louis 50
Levine, Jack 62
Lichtenstein, Roy 95, 97

Lissitzky, El 53
Lochner, Stefan 35
Loos, Adolf 126
Lorrain, Claude 41
Lumière, Auguste Marie 81
Lumière, Louis Jean 81
Lüpertz, Markus 63

Mackintosh, Charles R. 125, 136, 137
Macunias, George 66
Maderno, Stefano 40
Magritte, René 56
Maillol, Aristide 62
Majorelle, Louis 136
Malewitsch, Kasimir 53, 54
Man Ray 55, 56, 84
Manet, Eduard 49
Marc, Franz 51
Marcks, Gerhard 62
Maria, Walter de 68
Masaccio 39
Mataré, Ewald 62
Mathieu, Georges 59
Matisse, Henri 51, 62, 97
Mattheuer, Wolfgang 61
Maulpertsch, Franz Anton 41
McLean, Richard 63
Melzer, Moritz 51
Memling, Hans 36
Mengs, Anton Raffael 46, 48
Menzel, Adolph von 49, 57
Merz, Mario 67
Metken, Günter 68
Metsu, Gabriel 43
Meyer, Hannes 138
Michelangelo Buonarotti 38, 39
Middendorf, Helmut 63
Mies van der Rohe, Ludwig 126, 127, 132, 138, 139
Millares, Manuel 59
Miró, Joan 97
Moholy-Nagy, Laszlo 8, 53, 54
Molenaer, Jan Miense 42
Mondrian, Piet 53, 137
Monet, Claude 49
Moore, Charles 133
Moore, Henry 24
Moreau, Louis Gabriel 47
Morgner, Wilhelm 51
Mori, Mariko 71
Morisot, Berthe 49
Morley, Malcolm 63
Morris, Robert 67
Morris, William 100, 124, 136
Motherwell, Robert 60
Mucha, Alfons 96
Mueller, Otto 51
Mühl, Otto 69
Munch, Edvard 50, 82
Münter, Gabriele 51
Muthesius, Hermann 126, 137

Nadar (Gaspard-Félix Tournachon) 81, 82
Nägele, Reinhold 56
Nam June Paik 71
Nauman, Bruce A. 69, 70
Newman, Barnett 60
Niepce, Joseph Nicephore 79
Niestlé, Jean Bloé 51
Nietzsche, Friedrich 50
Niki de Saint Phalle 24
Nitsch, Hermann 69
Noland, Kenneth 60
Nolde, Emil 51

Odermatt, Siegfried 97
Oehlen, Markus 63
Oelze, Richard 62
Olbrich, Joseph 125, 136

Oldenbourg, Claes 62
Oppenheim, Meret 56
Oppermann, Anna 68
Orlan 71
Ostade, Adriaen van 43
Oursler, Tony 72
Overbeck-Schenk, Gerta 57
Overbeck, Friedrich 47

Pacher, Michael 36
Pankok, Otto 61, 62
Paolozzi, Eduardo 63
Paxton, Joseph 124
Pechstein, Max 51
Peiner, Werner 58
Pevsner, Nikolaus 108
Pforr, Franz 47
Phidias 29
Picabia, Francis 55, 56
Picasso, Pablo 26, 51, 52, 53, 55, 62, 97
Piloty, Karl Theodor von 48
Pissarro, Camille 49

Plessi, Fabrizio 72
Poliakoff, Serge 59
Pollock, Jackson 60
Polyklet 29
Prud'hon, Pierre-Paul 46
Pugin, A.W.N. 48

Räderscheidt, Anton 56, 61
Raffael (Raffaello Sanzio da Urbino) 38
Rambow, Gunter 97
Rand, Paul 96
Rateau, Armand-Albert 138
Ratgeb, Jörg 36, 37
Rauschenberg, Robert 62, 63, 65
Reinhardt, Ad 60
Rembrandt, Harmenzoon van Rijn 26, 42, 49
Renger-Patzsch, Albert 83
Reni, Guido 40
Renoir, Auguste 49
Ribera, José 49
Richter, Gerhard 22, 73, 85
Riefenstahl, Leni 58, 84
Riemenschneider, Tilmann 36, 37
Riemerschmid, Richard 136
Rigaud, Hyacinthe 41
Riley, Bridget 60
Riopelle, Jean Paul 59
Rist, Pipilotti 71
Rodtschenko, Alexander 84
Rohlfs, Christian 26
Rossi, Aldo 133
Rothko, Mark 60
Rouault, Georges 62
Rubens, Peter Paul 40, 41
Rude, François 48
Ruhlmann, Jacques-Émile 138
Ruisdael, Jacob van 43
Runge, Philipp Otto 10, 47
Ruskin, John 124, 136
Russolo, Luigi 51

Saarinen, Eero 139
Salomé (Wolfgang Ludwig Cilarz) 63
Sander, August 83, 84
Saura, Antonio 59
Schad, Christian 56, 61
Schadow, Johann Gottfried 46
Scheibe, Richard 62
Scher, Paula 97
Schinkel, Karl Friedrich 48, 122, 123, 129
Schlegel, August Wilhelm 47
Schlemmer, Oskar 54

Schmidt-Rottluff, Karl 51, 62
Schrimpf, Georg 56
Schultze, Bernard 59
Schumacher, Emil 59
Schwitters, Kurt 53, 55, 65
Scully, Sean 73
Segal, George 62
Seitz, Gustav 62
Semper, Gottfried 48, 101
Senefelder, Aloys 96
Severini, Gino 51
Sherman, Cindy 69
Sisley, Alfred 49
Sitte, Willi 61
Slevogt, Max 51
Smithson, Robert 68
Sonderborg, K.R.H. 59
Sottsass, Ettore 97, 140
Speer, Albert 129
Spengler, Oswald 50
Squarcione, Francesco 38
Steichen, Edward 82, 83
Stelarc (Stelios Arcadiou) 72
Stieglitz, Alfred 82, 83
Stirling, James 133
Stoß, Veith 36
Strand, Paul 83
Strindberg, August 80
Stuck, Franz von 51
Suger, Abt 116
Sullivan, Louis H. 125, 126

Talbot, William Henry Fox 79
Tanguy, Yves 26, 56
Tàpies, Antoni 59
Tappert, Georg 51
Taylor-Wood, Sam 72
Terborch, Gerard 43
Thieler, Fred 59
Thoma, Hans 57
Thoms, Ernst 57
Thorak, Josef 58
Thorvaldsen, Bertel 46
Tiepolo, Giambattista 40, 41
Tinguely, Jean 24, 70
Tizian (Tiziano Vecellio) 39
Tobey, Mark 60
Toulouse-Lautrec, Henri de 95
Trepkowski, Tadeusz 97
Troost, Paul Ludwig 129
Tübke, Werner 61
Turner, William 47

Uhde, Fritz von 51
Ulay (Frank Uwe Laysiepen) 70
Utzon, Jørn 131

Van der Zee, James 83
Vallin, Eugéne 136
Vasarely, Victor 60
Vedova, Emilio 59
Velazquez, Diego 42, 49
Velde, Henry van der 137
Velde, Esaias van der 42
Velde der Jüngere, Willem van der 43
Venturi, Robert 132, 133
Vermeer van Delft, Jan 22, 43
Veronese, Paolo 40
Verrochio, Andrea del 38
Vitruv (Marcus Vitruvius Pollio) 38, 118
Vlaminck, Maurice de 51
Vroman, Adam Clark 83
Vuillard, Eduard 82

Wagenfeld, Wilhelm 138
Wagner, Otto 137
Wall, Jeff 73, 86
Warhol, Andy 62, 63, 65, 85, 95, 97

Watteau, Antoine 44
Wegner, Erich 57
Weiner, Lawrence 68
Weingart, Wolfgang 97
Werefkin, Marianne von 51
Wesselmann, Tom 63
Weston, Edward 83
Weyden, Rogier van der 35
Willaerts, Adam 43
Winckelmann, Johann Joachim 45, 122
Wirth, Willi 60
Wölfflin, Heinrich 39, 119
Wols (Wolfgang Schultze) 59
Wright, Frank Lloyd 126, 131
Wunderlich, Paul 62
Wyeth, Andrew 62

Zadkine, Ossip 62
Zille, Heinrich 83
Zimmermann, Dominikus 44
Zola, Émile 80
Zwingli, Huldrych 37